AF514168

Les morts inutiles

© L'Harmattan, 2009
5-7, rue de l'Ecole polytechnique ; 75005 Paris

http://www.librairieharmattan.com
diffusion.harmattan@wanadoo.fr
harmattan1@wanadoo.fr

ISBN : 978-2-296-08387-5
EAN : 9782296083875

Docteur François Wetterwald

Les morts inutiles

Un chirurgien français en camp nazi

Texte intégral présenté, annoté et commenté
par Thierry Feral

L'Harmattan

Allemagne d'hier et d'aujourd'hui

Collection dirigée par Thierry Feral

L'Histoire de l'Allemagne, bien qu'indissociable de celle de la France et de l'Europe, possède des facettes encore relativement méconnues. Le propos de cette collection est d'en rendre compte.
Constituée de volumes généralement réduits et facilement abordables pour un large public, elle est le fruit de travaux de chercheurs d'horizons très variés, tant par leur discipline, que leur culture ou leur âge.
Derrière ces pages, centrées sur le passé comme sur le présent, le lecteur soucieux de l'avenir trouvera motivation à une salutaire réflexion.

Dernières parutions

Véronique FLANET, *La RAF : vie quotidienne d'un groupe terroriste dans l'Allemagne des années 1970*, 2009.
Olivier SCHMITT, *La R.F.A. et la Politique Européenne de Sécurité et de Défense*, 2009.
Florence PACCHIANO, *Le Jumelage Bordeaux-Munich (1964-2008)*, 2009.
Ludwig KLAGES, *De l'Eros cosmogonique*, traduit de l'allemand et présenté par Ludwig Lehnen, 2008.
Jean-Philippe MASSOUBRE, *Histoire de l'IG-Farben (1905 - 1952)*, 2008.
L. BOURCET-SALENSON, *Stefanie Zweig et l'exil juif au Kenya sous le Troisième Reich*, 2008.
Hanania Alain AMAR, *Otto Gross et Wilhelm Reich. Essai contre la castration de la pensée*, 2008.
Thierry FERAL, *Contre la vie mutilée*, 2008.
Pierre-Frédéric WEBER, *Le triangle RFA-RDA-Pologne (1961-1975)*, 2007.
Hanania Alain AMAR, *Les savants fous. Au-delà de l'Allemagne nazie*, 2007.
Dominique SIMON, *Le mouvement pacifiste en RFA de 1979 à 1983*, 2007
Paul LEGOLL, *Konrad Adenauer*, 2007.

Introduction

Né à Tunis, François WETTERWALD (1911-1993) fait de brillantes études de médecine à Paris. Reçu au concours de l'externat des hôpitaux de la Seine, puis à l'internat en chirurgie, il est mobilisé en septembre 1939 et affecté comme médecin auxiliaire sur la ligne Maginot. Tandis que la « drôle de guerre » se passe pour la grande majorité des troupiers dans le désœuvrement, l'insouciance, l'ennui, François en profite pour rédiger sa thèse de doctorat qu'il soutient en janvier 1940.

Consterné par la débâcle (10 mai – 17 juin), révolté par les conditions de l'armistice signé à Rethondes avec l'occupant par le maréchal Pétain (22 juin) et par la promulgation par l'« État français » du décret sur le « statut des Juifs » (3 octobre), il s'engage dans la Résistance. En décembre, avec ses confrères, les docteurs Victor Dupont (1909-1976) et Raymond Chanel (1908-1999), il fonde le réseau « Vengeance », orienté sur le passage en « zone libre » des prisonniers de guerre évadés et des pilotes britanniques abattus. Rapidement, grâce à des soutiens au sein de la SNCF, des PTT, et de la Croix Rouge, l'organisation prend de l'ampleur. En s'appuyant sur des complicités dont Victor Dupont bénéficie dans l'état-major à Vichy, elle se tourne également vers le renseignement. Le 1er janvier 1941, François est nommé agent *P1* (indicatif de la région parisienne) des forces françaises de l'intérieur ralliées au général de Gaulle.

Après l'occupation de la zone Sud par les nazis (11 novembre 1942) suite au débarquement allié en Afrique du Nord, « Vengeance » manque cruellement de moyens. En accord avec Chanel et Wetterwald, lequel exerce maintenant comme chirurgien urologue hospitalier, Victor Dupont conclut une alliance avec le CDLL (*Ceux de la Libération*) de l'ingénieur Maurice Ripoche, spécialisé dans l'espionnage. Ainsi naît sous le nom de « Turma » un important service d'information au service de Londres.

Mais les aides financières espérées n'arrivent toujours pas et des missions de choc doivent être montées pour récupérer des armes, du matériel, de l'argent. C'est pourquoi, le 13 janvier 1943, au 64 Chaussée-d'Antin, dans le bureau d'André Mulle, directeur de la caisse d'allocations familiales de la Seine, sont mis sur pied les « Corps francs Vengeance » dont François Wetterwald prend la direction. Victor Dupont, présent lui aussi à la réunion, conserve la branche « Turma ». D'où l'appellation sous laquelle le groupe entrera dans l'histoire : « Turma-Vengeance ». Afin de former des combattants pour la lutte intérieure, un centre clandestin est constitué dans l'Orne sous la direction de Paul Lerude.

En janvier 1944, le réseau est décapité, dénoncé par des collaborateurs infiltrés. Arrêté par l'*Abwehr*, François Wetterwald est torturé durant plusieurs jours par des auxiliaires français[1], puis emprisonné à Fresnes. Trois mois plus tard, il est déporté du camp de regroupement de Compiègne-Royallieu au redoutable camp de concentration de Mauthausen (à une vingtaine de kilomètres de Linz, en Autriche intégrée au *Reich* depuis mars 1938) avant d'être affecté comme « *Lagerchirurg* » à son annexe d'Ebensee, en zone austro-alpine, où, pour échapper aux bombardements alliés, ont été installées depuis novembre 1943, dans des galeries souterraines, une raffinerie de carburant et une fabrique de roulements à billes. En mai 1944, des milliers de détenus de toutes nationalités y sont parqués. La majorité d'entre eux est employée à percer de nouvelles galeries pour abriter les usines où les nazis rêvent de construire des fusées géantes, bien plus destructrices que les V2[2].

Pourtant, là encore, au cœur même de cet univers concentrationnaire où tout concourrait à la déshumanisation, le docteur Wetterwald résiste : par sa profession chirurgicale qu'il exerce sans faillir en dépit des conditions extrêmes de précarité (682 opérations à mains nues, avec du matériel de fortune), mais aussi en ne reniant à nul moment ses convictions éthiques et religieuses.

Rapatrié à Paris en juin 1945, il sera longuement hospitalisé à l'hôpital Cochin où il mettra la dernière main à son livre *Les Morts inutiles*, un authentique chef-d'œuvre d'humanisme. Malheureusement, l'ouvrage, publié en 1946 par les Éditions de Minuit nées de la Résistance, allait être mis immédiatement au pilon sur intervention de Louis Aragon (1897-1982) qui ne tolérait pas qu'un texte sur la déportation ne rende pas hommage au Parti communiste. Que le courage et le patriotisme du grand nombre des militants communistes dans la lutte contre le nazisme aient été exemplaires, ne saurait justifier cette attitude doctrinaire de type stalinien dont le — par ailleurs magnifique — poète et écrivain se faisait alors le thuriféraire dans le domaine littéraire et artistique. Nul ne l'ignore aujourd'hui : si le Parti communiste fut bel et bien le « parti des fusillés », il n'eut pas l'exclusivité de la Résistance et accoucha même occasionnellement de quelques collaborateurs dans le sillage de Jacques Doriot. En outre, c'était négliger que pour le médecin Wetterwald, il n'existait ni origine, ni religion, ni appartenance politique : rien que des *Hommes*, ce qui, du reste, lui valut une — relative — considération de la part du médecin-chef *SS* d'Ebensee, Willi Jobst, plus tard condamné à mort et exécuté.

Douloureusement affecté par cette bassesse inattendue (cf. son préambule, p. 9), François Wetterwald se cantonnera dès lors dans son activité chirurgicale. Médaillé de la Résistance, commandeur de la Légion d'honneur, il participera à la création de l'Association nationale des médecins déportés et internés de la Résistance dont il sera secrétaire général puis président d'honneur jusqu'à sa mort, le 14 juin 1993, à Mont-St-Aignan, près de Rouen. Conservateur des archives du réseau Turma-Vengeance, il les confiera en 1981 à la BDIC du campus de l'Université de Nanterre où elles sont consultables.

En 1991, poussé par ses amis, le Docteur Wetterwald fera reparaître *Les Morts inutiles* à compte d'auteur chez un petit éditeur de Luneray en Seine-Maritime, ce qui ne valut au volume — augmenté d'un article sur le service chirurgical d'Ebensee publié en octobre 1947 dans la revue helvétique *Praxis* — qu'une diffusion quasi confidentielle, notamment grâce aux efforts du docteur Henri Brunswic, responsable des publications de l'Association des médecins internés et déportés de la Résistance.

Or, il serait pour le moins injuste — chacun pourra s'en convaincre à sa lecture — qu'une œuvre d'une telle densité clinique, d'une telle tenue littéraire, d'une telle portée édificatrice pour les générations futures, sombre dans l'oubli. C'est pourquoi, conformément au projet élaboré de concert avec le docteur Brunswic (1913-2004) — qui fut un ami très proche durant onze ans et dont j'ai fait paraître les mémoires en 2006 (*Souvenirs germano-français des années brunes. Des ponts par-dessus l'abîme*) —, j'ai souhaité qu'il puisse être mis à la disposition de tous, et notamment des nouvelles générations qui devront peut-être un jour, face à des idéologies mortifères, se mobiliser avec courage et sans concession pour que ne soient pas de nouveau bradées — selon la belle formule de cet autre médecin déporté que fut Adélaïde Hautval[3]— « l'inviolabilité et la primauté de la personne humaine ».

L'époque contemporaine a été et reste par bien des aspects celle des *morts inutiles*. Lire François Wetterwald, c'est se persuader que le nihilisme et la barbarie ne sauraient être une fatalité : un autre monde est toujours possible pour peu que l'on veuille bien s'en donner les moyens.

Thierry FERAL

Nota bene : *afin de ne pas interférer dans l'harmonie de l'émouvant requiem du docteur Wetterwald, les notes et commentaires ont été regroupés en fin d'ouvrage*

Préambule de 1991

Ces quelques pages ont été rédigées en partie durant mon séjour à Ebensee (*Kommando* du camp de concentration de Mauthausen), et pendant mon hospitalisation à l'hôpital Cochin, à mon retour.

Je n'avais aucune intention de les publier. Mais mon ami le professeur Gilbert Dreyfus qui, sous le pseudo de Gilbert Debrise[4], avait été mon compagnon de déportation, les a transmises aux Éditions de Minuit qui les accueillirent avec un enthousiasme qui me stupéfia. Mon « œuvre » devait rencontrer le plus grand succès ; il était prévu de faire un premier tirage de 10.000 exemplaires et de garder les « flancs » pour de nouvelles éditions...

Las ! Quelques semaines après la parution de ce livre, qui avait provoqué bon nombre de critiques favorables, tout s'écroula ! Monsieur Louis Aragon, un des fondateurs des Éditions de Minuit, vint reprocher véhémentement aux responsables d'avoir publié un livre sur la déportation qui ne disait mot des communistes. Dès lors, tout finit très vite... Les invendus furent mis au pilon et ce fut le grand oubli coupé cependant par quelques auteurs[5] qui incorporèrent dans leurs ouvrages, le plus souvent avec mon consentement, des parts plus ou moins importantes de mon petit livre.

J'ai décidé de faire reparaître, pour mes amis, cet opuscule, et je tiens à m'expliquer sur quelques points. Désespéré, indigné lors de l'effondrement de la France, mon pays, j'ai rejoint la Résistance dès octobre 1940 et fus officiellement « agent P1 » le 1er janvier 1941.

Quand je fus arrêté par l'*Abwehr*, le 15 janvier 1944, je pensais que je serais fusillé; j'avais parfaitement accepté cette éventualité et j'aurais trouvé parfaitement normale la décision de l'ennemi.

Or je fus envoyé en camp de concentration... et ne le pardonnerai pas car je ne peux admettre ce système inhumain quel que soit le drapeau qui flotte à la porte du camp[6].

Au spectacle de tant de misères, j'ai réagi uniquement en médecin et c'est un médecin qui parle, [lequel[7]] n'a pas à s'informer, avant de faire son devoir, de la nationalité, de la religion ou de l'appartenance politique de ceux que, parce qu'il est médecin, il DOIT aider.

Avant-propos

Encore un livre sur les camps de concentration ? Encore un, parce qu'il est des choses qu'il faut s'efforcer de sauver de l'oubli, parce qu'il est des témoignages qui doivent rester.

Souvenirs personnels ? Oui, mais rassurez-vous. Mon sort n'eut rien d'exceptionnel. Ce fut le sort commun à des milliers de Français arrêtés pour résistance à l'occupation allemande, odyssée marquée par quelques étapes communes : Gestapo, prison de Fresnes, camp de Compiègne, déportation en Allemagne et, pour quelques-uns, camp de Mauthausen, camp d'Ebensee. Pour de plus rares encore, la libération, le retour. Il est possible après tout que ce retour ait été une dérogation à un état de choses assez aisément accepté...

Un récit ? Non. Que raconter ? Après quelques mois de bagne, il ne reste qu'une sorte de brouillard confus, un mélange de sensations diverses, un nuage coupé çà et là d'éclaircies, de tableaux singulièrement précis. Ces tableaux, j'ai voulu tenter de les décrire.

Le style est décousu, heurté, violent par moments ? Bien sûr ; mais croyez-vous que, pour chanter la mort, tout le monde dispose des périodes élégantes de l'Aigle de Meaux[8] ou des vers harmonieux d'un Baudelaire[9] ? On parle beaucoup de morts dans cet ouvrage... Que voulez-vous, il y en avait partout...

Je n'ai pas suivi la règle classique, je n'ai pas montré l'image d'Épinal attendue : les méchants *SS* et les bons détenus. Les *SS*, je les ai peu vus[10]. Et je vivais au milieu de mes camarades déportés.

Et j'ai voulu surtout montrer à quel point un système barbare peut arriver à transformer les hommes...

Première partie

Fresnes

Soulagement[11]

Maintenant, c'en est fini des rendez-vous où l'on va comme sur la pointe des pieds, sans savoir qui l'on rencontrera. C'en est fini des longs et harassants voyages en chemin de fer, où l'on se demande dix fois par heure si un contrôle quelconque ne vas pas découvrir, dans la valise, des documents ou des objets à vous faire sauter la tête... Finies ces arrivées, à la nuit, dans une petite ville de province inconnue, avec son dédale de rues que l'on sait comme une leçon bien apprise et, dans l'ombre d'une porte entrouverte, l'échange des mots de passe qui vous donnera, pour la nuit, un refuge... Fini le jeu de cache-cache avec la Gestapo[12]. Car la Gestapo a gagné, et c'en est fini de la liberté ! Soulagement ? Oui, réel, mais passager ; une impression de certitude en tout cas, comme de longs mois on n'en avait pas éprouvée ; assis au fond de la voiture, entre deux géants blonds triomphants et goguenards, j'ai devant moi un « Français » tout content d'avoir gagné sa journée. Ce qui va suivre est facile à imaginer ; en impressions rapides, kaléidoscopiques, passent des visages : la famille, les amis chers, que l'on écarte vite ; les camarades dont on suppute les chances de liberté et... de silence. Mais ce qui domine, c'est la force soudaine de l'instinct de conservation qui vous aiguise l'esprit ; c'est l'imagination prodigieuse qui s'empare de vous et vous fait inventer, en quelques minutes, une vie, toute une vie nouvelle, terriblement logique, où les événements s'enchaînent de façon implacable, une vie dont il s'agit dorénavant de retenir avec soin, pour les jours à venir, les moindres détails.

Des visages

Je vivrais cent ans encore que je n'oublierais pas un seul de ces visages[13], que je les reconnaîtrais à la vue, peut-être au toucher, à l'odeur... Richard, le cauteleux[14], au ton patelin, qui donne des conseils « en ami ». Marcel Barois, au foulard jaune et à la canadienne toute neuve, au visage blafard et fripé, dont j'ai senti pendant près de trois jours la canon de pistolet dans le dos et qui me suivait comme mon ombre. Jacques, au visage basané, aux yeux battus, celui qui m'a conduit ici, après une marche d'approche patiente et qui a duré des mois ; il s'étonne, sincère, que je n'accepte pas la cigarette qu'il m'offre... Noël Jacquot, dit le Bourreau. Celui-ci, c'est « un homme ». Visage fin, maigre, aux yeux durs. Il met la main à la pâte et n'hésite pas, tant il est zélé, à se dévêtir pour, dans la baignoire, monter sur le thorax de ses clients. Que d'autres, dont je ne saurai jamais les noms ; cet élégant qui, dans la salle de bains, grimpait sur une table pour éviter les éclaboussures d'eau et annonçait, sans doute en lecteur assidu des romans de cape et d'épée : « Et maintenant, Monseigneur, puisque vous ne voulez pas être raisonnable, nous allons avoir l'honneur, après la question ordinaire, de vous appliquer la question extraordinaire »[15] ; ou cette femelle au visage mafflu[16], vision de cauchemar, penchée vers moi, tandis que l'on me frottait au gant de crin pour finir de me ranimer et qui me disait : « Mais parle donc, espèce de con ! » Cauchemar, rêve de trois jours et de deux nuits, coupé par des dialogues et des gymnastiques non moins étranges où l'on finit par bénir les coups bien placés qui, à la longue, donnent une torpeur engourdissante et chassent les souvenirs, au point que, vraiment, il n'y a plus rien à dire. Cauchemar troué ça et là, entre deux séjours dans la cellule du cinéma, rue Mallet-Stevens[17], par l'apparition de ces visages, de ces négriers qui m'ont dégoûté de l'eau froide à tout jamais. Et qui auraient fini par me faire aimer les Boches[18]...

Le reître[19]

Quel est son nom réel ? Tout le monde ici l'appelle Rudi. Grand et fort, cela je puis l'affirmer ; il sait cogner et il connaît les bons endroits. Il a un visage osseux, tourmenté, avec de grands traits ; il connaît toutes les finesses de l'argot[20], tout en conservant un accent germanique indiscutable. Il a l'air, à certains moments, d'une bête fauve ; on sent que pour lui tout cela est sérieux, qu'il veut aboutir ; il s'acharne et, sans doute, est prêt à tout pour dénouer un problème. Une brute déchaînée. Oui. Mais lui, au moins, travaille pour son pays, et le lucre n'est pas son unique mobile[21].

Cellule 507, 3e Division

Je n'aurais jamais pensé que l'on pût éprouver du plaisir à entrer en prison ; plaisir n'est peut-être pas le mot tout à fait exact ; disons, encore une fois, soulagement ; enfin je vais avoir la paix — pas pour longtemps sans doute — et pouvoir dormir... Cellule 507. Je fais connaissance avec les trois autres compagnons. Quand un nouvel arrivant pénètre, un malaise plane, qui durera plusieurs jours ; tout le monde s'observe ; on surveille ses propres paroles ; on pose peu de questions et l'on répond avec prudence. Bien entendu, personne n'a rien fait contre les « Allemands ». Tout le monde est innocent devant le *Grand Reich* ; une erreur qui, l'on en est bien persuadé, sera vite réparée. Y a-t-il des moutons[22] par ici ? Peu à peu on fera connaissance ; des tranches de vie apparaîtront, souvent invraisemblables, si l'on voulait se donner la peine de comparer, de confronter. Mais soi-même, on s'habitue rapidement à une sorte de fausse intimité. On joue un jeu — et quel jeu ! — jusqu'à ce que la confiance règne. En attendant, on se fait à la vie quotidienne...

Sommeil

Bruit de bottes cloutées, raclés sur le plancher de fer de la galerie. Pas rythmé. Crescendo, decrescendo. Pas d'un homme attentif, et qui veille. Bruit des guichets qui se ferment en claquant. Plus près, on les entend s'ouvrir. Brusquement un flot de lumière. On sent un regard qui pèse et qui compte les cops étendus : un, deux, trois, quatre. Et c'est la nuit. Dors-tu, compagnon ? Ressasses-tu tes arguments ? Essaies-tu de renouer le fil des mensonges que tu as débités pour sauver ta peau ? Rêves-tu, compagnon ? Ou bien, écrasé par la faim, la fatigue (et la peur ?), es-tu tombé dans le sommeil, petit frère de la Mort ?

Réveil

Rumeurs confuses, pas lourds, portes claquées, ferraillage de serrures. Murmure qui se précise. Noms jetés, rauques, déformés par le *Feldwebel*[23]. Maintenant, il approche de l'étage, il arrive. On l'entend, sur la galerie d'en face, hurler des patronymes indistincts, suivis de « tribunal ». Il arrive. Brusquement, la porte de la cellule voisine s'ouvre, puis est violemment close ; Tout le monde retient son souffle...Il est passé ! Ouf ! Ce n'est pas encore aujourd'hui l'interrogatoire, ou peut-être pire. On se rendort. Mais déjà un roulement sourd, paraissant issu des entrailles de la terre, s'élève de palier en palier, annonçant les chariots du café, boisson insipide mais chaude, bienfaisante, libation au soleil naissant.

Plaisirs champêtres

Ils sont quatre, en file, derrière la porte, prêts au départ. Ouverture brusque, comme pour un toril[24]. Il faut se hâter, longer la galerie l'un derrière l'autre, vite, vite, sans rattraper les quatre qui précèdent, sans se laisser rejoindre par les quatre qui suivent. Au bout de la galerie, descendre l'escalier ; quatre étages, vite, vite. En bas, dans le hall, n'oublie pas, en passant, se saluer le puissant seigneur, aux éclats de voix invincibles, au poing convaincant, bien campé sur ses jambes écartées[25]. Tourne à droite ; un couloir s'offre, une porte est ouverte. Vite, tous dedans ! L'air pur, enfin ! De son poste d'observation, la sentinelle nous incite de la voix et du geste. Surtout pas un cri, pas un chant. La ronde commence sur le sol de ciment. Et quel beau décor ! Trois murs en brique ; en face de la porte, une grille remplace la cloison. Étonnement : devant les barreaux, cette chose étrange, l'herbe verte... Mais heureusement, en face, tout près, solide, rassurant, un mur, un beau mur de prison. Il reste le ciel au-dessus de nos têtes...Tournons, tournons à la file sagement, sans un mot... Au passage, sur les murs, nous retrouvons, sinon la poussière, du moins la trace des vertus de nos aînés qui n'y sont plus : Toto de la place Blanche, Le Dur de la rue de Lappe[26]... Bruit des serrures du côté de la porte. Vite en file, vite le départ ! Vite il faut repasser par le même chemin, le hall et son puissant seigneur, l'escalier, la galerie. Les portes ouvertes laissent apercevoir les cellules, toutes semblables. Laquelle est la nôtre ? Enfin voici l'odeur familière d'humanité sale, de renfermé... C'est égal, nous avons fait une bonne promenade...

Le parquet

Bienfaisant, bien-aimé parquet, le roi des prétextes ! Les autres savent-ils le sens exact du soin que je lui témoigne, Travail absorbant ? Que non, machinal... Il faut utiliser un bout de bois carré et de la mousse. En frottant avec beaucoup d'ardeur, on arrive à obtenir un vrai miroir. Évidemment, cela ne s'apprend pas comme cela... Il faut avoir le coup de main et observer le sens des fibres du bois. La position accroupie est quelque peu incommode, mais qu'importe, on est seul... Seul avec ses pensées, sans obligation de répondre à celui que la lecture ne tente pas ou qui n'a pas de quoi lire... Heureux moment où l'esprit peut s'évader bien au-delà des murs. On perd le sens de l'actuel, du momentané. On est avec les siens, on leur dit ceci ou cela, et l'on sait si bien, sans besoin de les entendre, leurs réponses... On est auprès des amis, de ceux qui, libres, continuent la lutte... Bientôt l'imagination prend son vol. On fait des projets d'avenir, ou bien on se livre au jeu des « si » qui permet l'exaltation. Si je m'en sors, je ferai telle ou telle chose ; si j'en sors, je rendrai les miens heureux, je vivrai d'autre façon ; et l'on se sent meilleur, bonifié... Et brusquement, tout s'écroule ! Un camarade me tape sur l'épaule : « Passe-moi le bout de bois ! » — « Je ne suis pas fatigué. » — « Si, tu es fatigué, il y a près d'une heure que tu frottes. » Je le regarde : il dit cela d'un ton où il y a de la gentillesse, un rien d'exigence et un peu de prière... Allons, tiens, tu as aussi besoin de rêver, toi...[27]

Paysages

Il nous est impossible d'ouvrir la fenêtre ; c'est défendu et, surtout, la serrure est brisée. Mais il y a, aux angles inférieurs d'une vitre, deux petits trous creusés dans le bois et le mastic... Par où l'on peut voir dehors... Spectacle étonnant ! Le trou de gauche révèle l'aspect d'une partie de la prison. Au premier plan les cellules de promenade, bien encloses, puis, un peu décalés, des bâtiments qui doivent être des magasins[28]. Enfin, tout au fond, la silhouette quelque peu médiévale d'un double château d'eau. Mais le trou de droite livre tout un monde. Évidemment, au premier plan, il y a encore les cellules de promenade et, plus loin, une cour d'exercice où les fridolins[29] détenus à Fresnes manœuvrent[30] ; mais ensuite, après le mur d'enceinte, il y a la liberté... C'est-à-dire des champs, quelques arbres, avec, au tout dernier plan, loin, une rangée de petites maisons toutes semblables, bordant une route que l'on devine[31]. À longueur de journées, des hommes et des femmes travaillent dans ces champs, surmontés par un ciel qui semble immense, avec des nuages gris aux formes changeantes... Que pensent ces gens que nous voyons là-bas, ou dans leurs petits jardins ? Savent-ils que des centaines de paires d'yeux épient leurs moindres gestes, comme nous, derrière leurs fenêtres aux vitres opaques ? Savent-ils que des hommes essaient, à les voir, de se remémorer les gestes et le comportement de leur liberté ? Ils ont sans cesse sous les regards cette masse de murs et de barreaux ; donnent-ils parfois une pensée, au cours de leur labeur, aux prisonniers que nous sommes[32]? Pourquoi philosopher ? « Le ciel par-dessus le toit... »[33]. Oui, mais le ciel est gris et les arbres sont loin...

Le livre[34]

Petit livre broché, humble petit livre jaune, qui contient la vie et toute la sagesse du monde. On y lit des histoires merveilleuses de pêcheurs et de centurions, de grands prêtres et de Samaritains. Tout un peuple grouillant et multicolore évolue dans un cadre aux noms mystérieux, bien que familiers, sonores et barbares : Tibériade, Jéricho, Josaphat... Des désirs sont exaucés, des consciences lavées, si simplement, en un instant, par quelques mots du Maître[35]. Mots, phrases que je répète. Que se passe-t-il donc en moi ? Je n'aimais pas les prières toutes faites qui me semblaient par trop canaliser l'enthousiasme nécessaire à toute entreprise et surtout... à la prière, et j'en marmonne maintenant souvent dans la journée. Je lis les offices — sauf celui des morts qui me causent une sensation désagréable. J'apprends des pages entières de ce latin d'Église, trompeur quant à son apparente transparence, mais qu'il faut peser mot après mot. Une voix me souffle à l'oreille depuis quelque temps : « Te souviens-tu de Jean Barois et de sa conversion devant la mort ? » Pourtant je te jure que j'ai la foi et que ce ne sont pas seulement mes lèvres qui agissent, et que chaque lettre a pour moi un sens. Crains-tu donc la... Mort ? Ne prononce pas ce mot. Superstitieux alors ? Mon Dieu, aidez-moi, je n'arrive pas à me persuader moi-même !

André

À A. F.

Il semble très jeune. Son regard pénétrant et calme s'attache à tous les objets qu'il rencontre. Il est attentif et sait écouter. Il manipulait un poste émetteur de radio ; ce qui lui a valu d'être remarqué par la police de M. Pétain qui, après lui avoir fait faire un stage à la prison de Clermont-Ferrand, le donna aux occupants en témoignage d'amitié. Il m'a, par bribes, raconté sa courte vie. Passionné par l'aviation, il a d'abord construit des modèles réduits d'avion dans sa ferme natale ; après c'est Rochefort, puis l'école de vol à voile. Une vraie passion en vérité. Sa voix tremble encore quand il évoque son premier envol réel en planeur. Et pour lui, l'avenir, c'est une route aérienne jalonnée de postes météorologiques, de radiophares et de goniomètres... Il passe de longs moments, l'œil collé aux petits trous de la fenêtre, pour voir le ciel. Il annonce les sautes de vent, les nuages qu'il nomme d'une voix presque impersonnelle, comme en rêve : « Nimbus, cumulo-stratus... Demain il fera du vent... Tiens, le vent a tourné, c'est maintenant Nord-Nord-Est... » Et quand il revient vers nous, il porte le ciel entier dans ses yeux.

Paul

À Paul Chassignat, in memoriam

Celui-ci est un guerrier ; il a la carrure, l'étoffe d'un de ces solides gens d'armes que l'on voit sur les bas-reliefs de la bataille de Marignan. Il est arrivé un jour dans la cellule, le poignet gauche blessé, après une équipée acrobatique sur les toits de la rue Tronchet[36] ; il avait essayé de s'enfuir après avoir désarmé le policier qui l'avait arrêté. Il est carré, net, avec des idées toutes simples et des sentiments bien définissables. Il est majeur[37], et parle un langage qui étonnerait beaucoup de gens blasés, où l'honneur, le courage, la loyauté tiennent leur place. Aussi peut-il à peine supporter la présence de notre « mouchard » dont il est exactement l'opposé au physique et au moral. Il demande pour toutes choses des explications claires et franches, et, quand on a sa confiance, on sait tout de lui. Ce fils de paysans est, comme André, un *self made man* ; et c'est assez émouvant et réconfortant de voir deux gars de 21 ans de cette trempe, qui vous font bien vite oublier les petites loques à cheveux longs et à pantalon trop court du marché noir[38]... Non, ce n'est pas pour ceux-là, pour leur avenir aussi dénué du sens de la grandeur, que nous avons risqué notre vie.

Le mouchard

Le dernier de mes trois compagnons sue l'abjection par tous ses pores. Je ne sais s'il est dans notre cellule avec une mission bien précise, mais ce droit commun aura vraiment gâché notre vie pendant deux mois ; deux mois qui, malgré la faim, le froid et les parasites auraient été deux beaux mois sans lui ; deux mois de repliement sur soi et d'analyse. C'est un vieux cheval de retour[39]. Mais nous sommes loin des héros chers à Francis Carco[40]. Menteur, voleur, tricheur. Essayant de nous tromper sur tout ; il sait par cœur les caractéristiques des différentes « maisons » : Santé, Fresnes, Dépôt, Poissy, Nevers... À ce titre, c'est une documentation inattendue qui nous est offerte. Il ne peut ouvrir la bouche sans émettre une ordure sur tout : femmes, métiers, loisirs. Il se prétend né au Mexique, alors qu'il a un langage de marchand de tapis. Surtout, il ne faut pas le contrarier : « Je raconterai au sous-officier allemand ce que vous avez dit l'autre soir, à voix basse. Je vous ferai torturer... » Allons, ne nous plaignons pas trop. Peut-être, en nous mêlant à ce rebut, les Allemands, grands admirateurs de la Grèce antique[41], ont-ils songé à Sparte et à l'exemple de ses ilotes ivres...[42]

Un adieu

Je n'ai jamais vu son visage ; je sais qu'il était commissaire de police à Nantes et qu'il était jeune : c'est presque tout ; mais je connais bien sa voix ; il habite la cellule située à notre droite et nous pouvons communiquer par la conduite d'eau : il suffit de dévisser le bouchon en cuivre du robinet, un trou noir apparaît dans la cloison au-dessus de la cuvette ; on approche alors alternativement son oreille ou sa bouche de l'orifice, et l'on peut entendre et se faire entendre : nous appelons cela téléphoner. Ce matin, à l'aube, on est venu le chercher ; le soir, il m'appelle par quelques coups frappés contre la cloison, selon un rituel immuable ; il m'apprend que l'on a commencé son procès au Conseil de guerre, rue Boissy-d'Anglas[43]. Ils sont une trentaine à comparaître ; ils risquent la condamnation à mort ; leurs avocats les ont avertis. Le lendemain, j'entends encore, de bonne heure, du remue-ménage à côté ; sans doute est-il parti aujourd'hui encore ; on le ramène vers quatre heures de l'après-midi ; j'attends un instant puis l'appelle : « Eh bien ? » — « Eh bien, ça y est... La mort... » Il dit cela d'une voix presque absente ; le mot me coupe le souffle ; je ne puis que dire stupidement : « Tu es sûr ? » — « Oui ; tâche de retenir mon nom et mon adresse ; si un jour tu en sors, tu diras aux miens que je suis content d'avoir fait ce qu'il fallait faire. » Le matin suivant, je suis réveillé par un camarade qui me dit : « On frappe à côté ; cela doit être ton copain. » Je me hâte. « Mon vieux, on vient me chercher ; surtout n'oublie pas ma famille. » — « Mais où t'emmène-t-on ? Pourquoi ? » Un petit silence ; des pas s'approchent sur la galerie ; alors il m'a crié : « J'aurai du courage, j'aurai du courage... » Il s'appelait Jean ; j'ai oublié son nom et l'adresse de sa famille... Je n'oublierai jamais sa voix.

Transition

La prison, il faut l'envisager comme une retraite, comme une période de mise au point. On fait le bilan de ce que l'on sait, on fait la critique de son existence, on fait son examen de conscience ; on se sent meilleur, prêt à bien des sacrifices, au-dessus, en tout cas, nettement, des contingences de la vie courante. Bien des problèmes sont poussés plus avant, que l'on avait à peine eu le temps d'effleurer. On sort de cellule maigri, mais aussi affiné. Puis c'est Compiègne, le camp de rassemblement avant le départ pour l'Allemagne[44]. On retrouve des compagnons de lutte et l'on peut confronter les expériences acquises dans la quasi-solitude. L'activité intellectuelle est intense ; la date du départ est incertaine, on ne sait si l'on aura le temps d'aborder toutes les questions que l'on veut examiner ensemble. Mais comme tout paraît possible, facile à vivre, le cœur à l'unisson de celui des autres ! Puis c'est un matin le défilé dans la ville, l'arrivée à la gare. Et alors la chute commence. Une chute verticale et qui va durer trois jours[45]. Trois jours, est-ce long, est-ce court ? Trois jours de chute vers l'inconnu ; mais le présent est tellement absorbant que l'esprit, l'imagination ne font pas de très grands bonds. Trois jours sans manger, sans boire, sans dormir, presque sans respirer. Trois jours sans vêtements, nus, tassés à 125 dans des wagons de marchandises (40 hommes, 8 chevaux[46]). Pendant des mois de geôle, nous avons eu grand soin de tenter par tous les moyens possibles de nous élever l'esprit, de nous améliorer. Eh bien, la chute n'en sera que plus grande ! Trois jours, cela paraît un siècle, et pourtant les changements que l'on constate sur ses camarades de voyage semblent se réaliser à une vitesse prodigieuse... Il y a eu d'abord la soif, la touffeur ; à Metz, il y a eu la peur, quand les *SS* ont sauté dans le wagon, la cravache à la main, et nous ont tassés, 125, dans un espace correspondant à moins de la moitié du wagon, pour nous compter plus à leur aise. Puis, rapidement, il y a eu la faim, la fatigue, le froid de la nuit quant nous fûmes dévêtus[47]. Et voilà le bilan de l'expérience. Il y avait au départ 125 patriotes, 125 hommes prêts à tous les sacrifices et dont beaucoup étaient des hommes cultivés. Au bout de deux jours chez la moitié d'entre eux, la culture s'est écaillée. De tous les patients efforts poursuivis pendant des siècles et des siècles par les philosophes et les prêtres[48] pour essayer d'élever l'homme au-dessus de lui-même, en deux jours, il ne reste plus rien. Il a suffi de ces sentiments élémentaires, ignorés dans notre vie confortable, la faim, la soif, la peur, le froid, pour recréer l'homme élémentaire que l'instinct de conservation domine et qui est prêt à tout, absolument à tout, pour se sauver, mais pour se sauver lui. Combien pensent aux autres, combien essaient d'endiguer la bestialité naissante, combien essaient de porter secours à ceux qui s'évanouissent ? Ils sont dix environ sur 125... Les autres frappent au moindre prétexte, au hasard, dans la pénombre ; ils s'insultent grossièrement ; ils tueraient si le voyage durait davantage[49]. Quelle leçon ! Et les *Herren Professoren*[50] sont bien au courant de la question ; l'esprit scientifique comme toujours : « De l'influence du milieu sur la culture générale... » L'esprit expérimental triomphe : « Vous n'avez jamais vu d'hommes primitifs ? Eh bien, replacez des hommes normaux dans les conditions de la vie primitive et vous verrez... » Et nous avons vu.

Deuxième partie

Mauthausen[51]

Arrivée

Maintenant, tassés sur le quai de la gare, nous ne sommes encore que tout simplement ridicules. Car les vêtements ont été distribués au hasard, et certains sont pieds nus. Marche en colonne par cinq. Nous semblons encore des civils. Traversons Mauthausen, ville coquette avec ses auberges et sa population prodigieusement indifférente[52]. Montée. Sur notre gauche, le Danube scintille dans des échappées de feuillage. C'est la forêt : un sentier bordé de deux talus de neige, entre les sapins. L'air est vif, on se sent renaître... Alors apparaît, dans l'ombre qui grandit, le camp. Il faut frapper l'imagination ; il faut que nous comprenions vite ce qui nous arrive. Gloire au décor qui dresse, sur une butte, une citadelle, une espèce de château fort qu'on atteint lentement, dans la nuit tombée, en suivant une route à flanc de colline. Murs hauts, flanqués de tours de garde aux toits baroques. Des projecteurs illuminent des murs intérieurs. De l'ensemble se dégage une impression d'irréel qui étreint un peu. Attends, ceci n'est que le début. Regarde de tous tes yeux, regarde... Voici l'entrée, immense portail massif, bardé de fer. De chaque côté, des *SS* cravachent les rangs pour les remettre en ordre et pouvoir nous compter à leur gré. Une cour, entre des bâtiments bas, on tourne à droite et on s'immobilise. Spectacle étrange : pas un bruit, à part un grondement sourd de foule qui piétine et a peur. Nous sommes alignés en deux masses bordant une route cimentée. Des hommes, convenablement vêtus, non sans une élégance de mauvais aloi, un numéro sur le côté gauche de la poitrine, vont et viennent, coiffés de casquettes plates, vite, tête nue et talons claqués quand les maîtres passent. Ce sont les « capos »[53], les hommes de confiance. Ils maintiennent l'ordre brutalement, à coups de poing. La soif nous étreint. Combien de temps sommes-nous restés ainsi, perdus dans un rêve incertain ? Quelques images le traversent ; un être blême derrière la fenêtre du bâtiment devant lequel nous stationnons ; crâne rasé, visage simiesque, il montre une bouteille d'eau et fait signe avec les doigts qu'il la donnera contre une montre. D'aucuns se laissent tenter. Des *SS* passent entre nos rang, un jeune officier, notamment, beau, fin, élégant, racé, qui semble à peine nous voir et jette de temps à autre, d'un air suprêmement nonchalant, son dogue sur un groupe ou sur un autre. Courte échauffourée, cris de douleur, ondulation des rangs, ruée des capos, et l'ordre renaît. Qu'attendons-nous ? Nul ne le sait. Il est plus de minuit. Le froid est vif. La file avance brusquement ; un ordre, il faut se dévêtir. Les vêtements sont jetés en tas, au hasard. Nous attendons en frissonnant, essayant de ne pas trop imaginer ce qui va suivre. Un escalier menant au sous-sol... Et là, un spectacle qui semble jailli de la cervelle d'un metteur en scène de « Métropolis »[54]. Une grande salle, haute, carrelée, contenant des centaines d'hommes nus. Mais ce sont les lumières et leurs jeux qui étonnent, le surprenant assemblage des ombres, pénombres, et surfaces claires. Lumière, dans l'ensemble, comme tamisée, diffuse, avec, dans un coin, un jaillissement net, cru, aveuglant, sous lequel il faut passer[55]. On passe. Une des berges de l'ombre est occupée par une rangée de personnages aux étranges têtes, toutes en bosses, en méplats, en estompes, crânes rasés[56]. Ils portent des blouses blanches qui laissent dépasser des pantalons rayés de gris et de bleu. Des médecins ? On tourne et se tourne devant eux qui nous marquent d'inscriptions mystérieuses au crayon-encre. Une armée de coiffeurs à demi nus dans la touffeur qui règne en maîtresse... Désinfection, puis douche miséricordieuse où l'on engloutit l'eau tiède. Enfin tondus, lavés, dépouillés, nous voici couverts d'une chemise et d'un caleçon à rayures, chaussés de socques en bois[57]. Alors, voilà, c'est fini ; comprends, mais comprends donc que tu n'es plus rien ; pas même un esclave, sans recours devant aucun code ; te voici livré aux lois des besoins élémentaires et il ne te reste plus, comme richesses, que tes richesses intérieures.

Carnaval

Ce matin, j'ai pu regarder par la fenêtre de mon bloc[58] dans la cour qui se trouve derrière[59]. Je me suis cru transporté tout à coup à des milliers de kilomètres, vers ces villes dont l'on épelle les noms bizarres dans un atlas, à l'école, ou dans les aventures de Michel Strogoff[60] : Samarkhande, Nijnii-Novgorod. Une horde est là, un fouillis de loqueteux ; faces aux nez camus, pommettes saillantes, regards bridés. Têtes coiffées de casquettes de fourrure à oreilles, du bonnet à pointe soviétique. Vêtements fourrés à capitons, perdant leur farce. Pantalons ou culottes invraisemblables ; et tout cela se chamaille, commerce ou flâne. Patience, nous serons bientôt au même point ! D'abord, on fait venir dans notre bloc un certain nombre de ces Asiates[61] ; puis, au bout de quelques jours de quarantaine, on nous distribue des « vêtements » : échantillonnage de tous les uniformes présents et passés de l'Europe[62], vestes kakis, brunes, vertes, feldgrau[63], rouges. Pantalons bleu horizon, gris, noirs. Le tout entremêlé de quelques hardes civiles ; le tout soigneusement dépenaillé, sans boutons, sans doublures. Bientôt la cour du bloc ressemble à je ne sais quelle mascarade ; on rit, bien sûr, de l'apparence nouvelle d'un ami cher, et de la sienne propre. Une farce, une farce organisée, une sinistre farce. Non, c'est de l'« économie dirigée ». Il faut ménager les vêtements neufs, les beaux vêtements qui nous sont réservés pour notre départ proche en commando, vêtements de toile à sac rayée, qui nous transformerons en un bataillon de mascarilles[64] étiques[65].

La soupe

Thème connu, thème usé jusqu'à la corde : les fauves attendent leur pitance. Elle est flairée de loin, et des remous se produisent déjà. À quoi bon ! Il faut attendre le bon plaisir de notre chef de bloc[66]. Elle est là pourtant, la soupe, dans ses bouthéons[67] lourds que nous sommes allés chercher tout à l'heure, avec leurs poignées démolies, qui vous serrent les mains contre la paroi brûlante. Les faces sont tendues vers elle ; non pas tant les nôtres : nouveaux venus, nous jouons aux hommes détachés des contingences terrestres ; mais surtout celles des anciens, de ceux pour qui la soupe est devenue déjà ce qu'elle deviendra sans doute pour nous sous peu : l'événement majeur de la journée, le motif, le but et le moyen à la fois d'une existence que l'on semble voler au temps qui fuit. Enfin des coups de gueule énergiques, des coups de poing vigoureux ; il faut prendre la file et attendre son tour. Attraper au vol une gamelle[68] bossuée, la tendre au passage, recevoir la louche réglementaire et s'enfuir bien vite au bout de la cour sous les regards avides de ceux qui attendent. Pour les anciens, peu importe ce qu'il y a dans la soupe ; c'est la soupe : quelque chose de chaud qui calme les souffrances de la faim pendant un temps plus ou moins long ; c'est quelques instants de halte dans un labeur écrasant[69]. Pour nous, c'est encore quelque chose d'indéfinissable, de chaud, qu'il faut manger sans cuiller, laper comme des chiens et qui vous couvre de buée le visage, un mélange de végétaux inassimilables : betteraves de toutes sortes, fenouil, fanes de pommes de terre, courges, pastèques, et parfois, la bonne aubaine des rutabagas. Ces jours-là sont jours de fête ; et les jours à pommes de terre, jours de gala ; de quoi vous donner la certitude de survivre encore au moins trois jours. Il faut se hâter de manger. Il n'y a pas assez de gamelles et les petits serviteurs russes passent en criant « Miska, Miski ! ». Il est vraiment impossible de finir cette colle ; on lève les yeux : un cercle d'êtres aux regards luisants vous entoure, mains tendues, prêts à se battre pour l'aubaine entrevue. J'aurais dû la vendre, l'échanger contre ces objets dont on ne conçoit bien l'utilité qu'ici, une cuiller en bois, un bout de fer implanté dans un morceau de bois : c'est ce que l'on appelle un couteau. Les estomacs sont momentanément remplis ; il faut essayer de trouver un coin libre pour s'allonger par terre et contempler en silence le ciel, en attendant le prochain repas[70].

Le chenil [71]

Je suis sûr à présent que l'on arrivera un jour à résoudre le problème de la quadrature du cercle[72]. Le tout est de savoir y mettre le prix. Ici, on fait ce qu'il faut : ainsi on arrive à faire coucher 300 hommes là où il y a à peine, en les serrant bien, de la place pour 100. Mais admirez la méthode : quatre colonnes par deux sont alignées côte à côte dans la salle, sur quatre rangées de nattes minces et poussiéreuses. Au commandement, on se couche, tête-bêche et sur le flanc. La salle est couverte par les corps étendus. Attendez un peu. Des hurlements retentissent ; il faut se serrer à bloc vers le mur du fond ; un espace assez vaste est ainsi dégagé du côté de l'entrée. On fait pénétrer dans notre chambre à coucher une nouvelle fournée de candidats au repos. Nouvelle cérémonie du coucher. La salle semble pleine ; attendez un peu, des hurlements retentissent ; mais le remède cette fois-ci n'est pas assez efficace ; alors, première entrée des coryphées[73], la trique en main. L'Espagnol Negro est de première force à ce jeu. Il parcourt les travées en criant : « Allons, les petits Français, allons, les petits Parisiens ! », et il fait voltiger son câble de caoutchouc sur les têtes, à toute volée. On entend une multitude de coups sonores ou amortis ; qu'importe, des places disponibles apparaissent. Troisième entrée des touristes[74]. Troisième cérémonie du coucher, suivie de l'apparition des premiers sujets, musclés ceux-là, je vous en réponds. La chambrée s'emplit d'un vacarme de hurlements et de coups lancés à toute volée. On se tasse et on se gare comme on peut. À la fin, tout le monde est couché et l'on peut distribuer les couvertures : une pour quatre. Et s'il y avait encore du monde à caser, alors on ferait appel aux grands premiers rôles : chef de bloc[75] et secrétaire[76]. Je vous ai dit qu'il suffit d'y mettre le prix ; et ce principe est appliqué partout : rien d'impossible à qui sait s'y prendre. Un jour, un Juif polonais a rapporté à lui tout seul une pierre de 140 kilos de la carrière située à près d'un kilomètre[77]... Évidemment, l'homme était mort en arrivant, mais c'est un détail... 140 kilos... On a mis la pierre au musée... Ah, cet esprit expérimental, cet amour de la science !

L'odeur

Elle plane, fidèle, persistante, renforcée par bouffées. Le matin, au petit jour, elle évoque je ne sais quelle aurore, une odeur de terre humide d'où montent des vapeurs, odeur de corne brûlée. On croirait par instant, en fermant les yeux, entendre les bruits clairs de la masse sur l'enclume du maréchal-ferrant[78]... Odeur pénétrante qui accompagne tous les actes de la journée, les repas ; les nouveaux s'interrogent... La nuit elle est là, elle passe par les fenêtres grandes ouvertes... Je ne pouvais dormir cette fois-là, ne sachant comment m'y prendre pour reposer dans un amas inextricable de membres mêlés, de pieds qui vous rentrent innocemment leurs orteils dans la bouche, de hanches qui vous serrent, à droite et à gauche, comme un étau. Vociférations sourdes, poings qui se défendent dans un demi-sommeil, et qui atteignent, toujours, un but. Alors, je suis allé aux lavabos. J'ai regardé dans la cour par la porte grande ouverte. L'odeur est là, toujours. Par-dessus le mur de l'enclos, une grande lueur s'élève d'une cheminée trapue. Un ancien est venu me rejoindre, pour fumer une cigarette. Il a humé l'air et m'a dit d'une façon distraite : « Le four crématoire fonctionne jour et nuit... » Il est, en effet, derrière le mur, et nous aurons bientôt à son sujet tous les détails possibles. Et l'odeur est là comme un rappel, un rappel constant à la réalité et à l'ordre établi des choses. La seule certitude ici bas et particulièrement dans le camp : c'est le « memento mori » de la Trappe[79].

Les cercueils

Je les ai vus dans la cour, à côté, au bloc 18. Ils sont deux, dépenaillés. Ils démolissent à grands coups de hache trois grandes caisses à claire-voie et qui sont tout ensanglantées. Elles ont servi à ramener à Mauthausen les cadavres de détenus morts dans un *kommando* lointain. Maintenant, on en fait du menu bois, et le travail est prestement à son terme. Et ce bois va alimenter le fourneau du chef de bloc[80], ce qui lui permettra de faire rissoler du saucisson et des pommes de terre volées au magasin. Une chance que l'on meure régulièrement dans ce *kommando*, afin que ces messieurs puissent faire leur cuisine...

La fête du chef

On nous a annoncé que c'était la fête du chef de bloc ; aussi nous a-t-on couchés plus tôt et nous a-t-on bien recommandé d'être sages. De la pièce d'à côté, nous sommes séparés juste par une couverture tendue en manière de portière. Nous entendons tout d'abord des tintements de verres, une conversation générale. On a invité les amis. Puis ce sont des chants bachiques[81]. Les voix montent d'un ton, avinées. Enfin, des rumeurs d'accordéon qui s'enflent et gémissent. Tout ceci ne dure pas longtemps d'ailleurs. Les invités ont dû partir. Un spadassin[82] est venu nous avertir d'un ton rogue : « Il va falloir vous taire à présent. Le chef veut dormir. » Il y a toujours dans la nuit des rumeurs indécises, des protestations quand on écrase, dans l'ombre, une main, un pied ou une figure, en marchant. Alors, brusquement, la lumière s'allume et le chef de bloc, assassin géant de Hambourg, se précipite, trique en main, dans la chambrée[83]. Les coups pleuvent au hasard sur les têtes, sonnant clair ou mat. Le silence est immédiat. L'insomnie et l'inconfort m'ont une fois de plus chassé vers les lavabos. En passant dans la chambre du chef de bloc, on entend ses ronflements puissants et l'on peut voir, au pied de sa couchette, écroulés en tas, jambes et bras mêlés, quatre ou cinq mignons[84] aux visages blafards et aux yeux cernés.

La chenille

Un ciel éclatant, bleu pur et triomphant. Un cirque[85] immense bordé de falaises abruptes de 80 mètres. Voici la carrière, tombeau, il n'y a guère[86], des détenus de Mauthausen. Un escalier de 180 marches amorce sa descente, là-bas. Sur la route qui y mène marchent environ 2000 hommes, 2000 bagnards, 2000 pouilleux vêtus de façon hétéroclite. Et cela forme une immense chenille ondulant au rythme du pas cadencé par les « capos ». *Links, rechts, links*[87]... La colonne démesurée descend les marches et, dans le fond de la cuvette, elle semble déborder, se diviser, car, centaines après centaines, on nous[88] emmène vers des secteurs différents où des tas de grosses pierres nous attendent. La solidarité humaine, qui, comme le disent les philosophes, est quelque chose d'inné, fait que chacun se précipite en bousculant le voisin afin de prendre les plus petites charges. Un commandement bref, tout le monde s'aligne. Et c'est alors la renaissance du fleuve bigarré par la confluence des dizaines de ruisseaux que semblent les colonnes. Montons ces 180 marches, la pierre sur l'épaule, au pas cadencé. On est un peu essoufflé en arrivant au sommet et le train se ralentit. Il y a là, pour vous attendre, un raffiné, un

SS qui, muni d'une baguette, cingle tout à sa guise les visages à sa portée. Cela vous donne du coeur au ventre. Retour vers le camp. Nous déchargeons nos fardeaux dans un champ, derrière ; et on recommence ainsi, trois fois de suite, le matin, autant le soir, histoire de s'accoutumer au travail manuel et de gagner un peu notre nourriture ; le travail fini, tout le monde est rassemblé dans la grande cour d'entrée, entre le bordel et le four crématoire. On nous compte : tout est en ordre. Allons, la journée est finie et nous allons essayer d'imaginer que, demain, par un hasard que nous ne cherchons pas à approfondir, nous ne travaillerons pas.

Première séparation

Tout le monde a été habillé pour un départ proche en *kommando*. Le temps de quarantaine est terminé. Et voilà qu'au dernier moment on vient chercher les médecins pour les faire descendre au camp-hôpital, afin de les mettre à l'essai[89]. On nous retire notre belle livrée, et c'est la première séparation. Les liens d'amitié noués en ces quelque douze jours[90] sont puissants et c'est un vrai déchirement que d'abandonner ainsi Pierre, à l'amitié sincère, l'abbé si optimiste, le professeur de mathématiques et tant d'autres... Voici déjà des souvenirs derrière nous, des souvenirs qui, par cette séparation, trouvent des limites précises... Jours entiers passés dans une inaction bienfaisante, à deviser, assis ou accroupis sur les pavés inégaux de la cour. Nuits où l'on se serra fraternellement les uns contre les autres afin d'avoir plus chaud, où l'on se groupe comme pour un voyage, entre hommes de confiance, afin de se préserver de la brutalité et de l'égoïsme... Nous retrouverons-nous, et quand ?

L'opération

Une salle aux murs blancs, au sol carrelé ; silence, troublé seulement par quelques mots jetés hâtivement, et par une respiration un peu haletante. Une lumière crue qui baigne une zone précise. Le calme, l'ordre. Autour de la table, cinq hommes, revêtus de blouses et de casaques blanches, coiffés de blanc, masqués de blanc. Sommes-nous à Paris, à Prague, à Belgrade ? Le chef, c'est-à-dire l'opérateur, est Tchèque, professeur et chirurgien à Brno[91]. Le premier assistant est Français, interne des hôpitaux de Paris[92]. Le second assistant est Russe, chirurgien à l'hôpital de Kazan. Le premier instrumentateur est Autrichien, et *SS*, coiffeur à Linz. Le deuxième instrumentateur est Yougoslave. L'anesthésiste est Allemand. Quant au patient, il est Polonais... L'intervention se déroule.

Mains qui se croisent, s'étayent, conjuguent leurs efforts sur les champs à peine maculés de sang, tendent des éclairs nickelés vers une plaie nette, régulière, linéaire, semblent se parler, se répondre, se comprendre en un mot. Gestes à l'unisson si les pensers[93] ne le sont. Les temps finaux de l'opération se précisent, selon un rythme attendu. La plaie est suturée, pansée... et l'on s'éloigne de la table. Chacun se dépouille... Et mes yeux tombent alors sur mon pantalon effrangé, déchiré sur un côté, presque tout du long, sur mes pieds nus dans des souliers cyclistes, éculés et rapiécés. Je vois mon confrère russe subitement au garde-à-vous devant le *SS* qui tout à l'heure lui passait, au commandement, les instruments nécessaires. Le professeur Potlara[94] enfile sa veste rayée[95]... Nous avons joué un jeu ; oui, c'est cela. Demain, peut-être, notre patient sera porté à la chambre à gaz. Nous avons joué aux chirurgiens.

L'appel

Dans la baraque 5 de l'hôpital de Mauthausen, qui semble l'entrepont d'un vaisseau d'émigrants, avec son obscurité allégée à peine par quelques lucarnes, ses lits à trois étages serrés à se toucher, son air encore plus rare que la lumière, 500 hommes attendent l'appel. La plupart, groupés à quatre par paillasse, sont étendus, les mains collées réglementairement aux flancs. Le personnel et les médecins en subsistance attendent, en files de 12, dans l'espace parcimonieux réservé au centre de la baraque. *Achtung*[96] ! Suivi par le chef de bloc[97] et le *Blockschreiber*, le *SS* entre, grand, un tant soit peu dégingandé, un sourire sardonique aux lèvres. Il s'arrête devant nous pour nous compter négligemment, tout en tirant lentement une cigarette de son étui. Elle tombe à terre. Le chef de bloc[98] se précipite et la lui tend. Il semble la porter vers ses lèvres et la laisse à nouveau choir. Nouveau plongeon de Karl ; il la reprend entre deux doigts, puis, se ravisant, il la lance dans notre direction. Personne ne bouge. « *Blöde Hunde*[99] ! Vous avez donc trop à fumer ?... » Il s'arrête dans sa philippique[100], soudain satisfait : le vieux médecin italien, qui était le dernier de la file, rampe entre nos jambes pour ramasser la cigarette.

Les canéphores

Cortège lent des canéphores[101], cortège aux allures dansantes, qui s'enroule au flanc gracieux des amphores... Harmonie de sépias, de roux, de noirs... Cortège lent qui s'avance chaque matin, sur le chemin qui monte vers la citadelle. En tête, un « capo » élégant, servile, musclé. Il est suivi de quelques malades, hâves, chancelants dans leurs capotes brunes délavées... Puis ce sont les porteurs de linge sale : ils soutiennent à quatre de lourdes civières profondes, en bois, contenant des haillons grisâtres, vacillant sous l'effort, couverts de loques ternies où une pièce récente jette parfois sa note plus vive. Derrière s'avance la voiture des morts[102]. Petite charrette basse à quatre roues qui porte vers le crématoire la moitié du « tableau » de la journée, une dizaine de cadavres, empilés les uns sur les autres, et dont les formes raidies se devinent sous la toile cirée qui les recouvre ; quelques esclaves poussent le char en saisissant ce qu'ils peuvent... Enfin, fermant la marche, messieurs les chirurgiens, côte à côte, graves, recueillis, semblant suivre un convoi, se dirigent vers la salle d'opération.

Nature morte

Entre les baraques, noires, goudronnées, sinistres, dans l'enceinte des barbelés, il y a des parterres de fleurs, bien peignés. Il y a aussi des jardinets propres où poussent, sur des plates-bandes tirées au cordeau, quelques légumes indiqués par des étiquettes peintes sur bois : *Petersilie*, *Zwiebeln*[103]... Des pois de senteur s'enroulent sur des tuteurs grêles, des capucines montent aux rares fenêtres. Au centre du camp, le hangar de ciment qui contient, sans sa longueur, la morgue, les lavabos et les feuillées[104], s'entoure d'un talus aux couleurs éclatantes. Et tout au bout, sur un tapis floral dans un concert de mauves, de violets, de bleu de Prusse, de noir velouté, piqueté de jaune éclatant, surtout barbare au milieu des pensées, comme une plaisanterie, jambes et bras repliés, bouche béante, yeux révulsés, s'étale, nu, grotesque, un *cadavre.*

Concilium

On nous a conviés à un « Concilium » ce dernier dimanche. La réunion prend place dans l'« ambulance »[105] du bloc 4, dans cette salle des pansements où, il y a deux mois encore, on pratiquait les injections intracardiaques d'essence de tourisme[106], méthode ignorée de nos thérapeutiques occidentales[107] et qui a, en tout cas, le mérite de ne jamais rater son homme. C'est déjà une certitude. Là, autour des tables laquées de blanc, se pressent une vingtaine de *doktors*, polonais, russes, tchèques, grecs, italiens, yougoslaves et... français. Il s'agit, ne l'ai-je pas encore dit ?, d'une réunion d'ordre scientifique. Deux cas sont présentés : celui d'un Français atteint d'une tumeur inflammatoire de la face latérale gauche du cou, d'origine osseuse, entraînant une paralysie par compression du plexus brachial ; et celui d'un Russe, présentant une laryngite ulcéreuse non tuberculeuse. Les exposés sont faits par des confrères russes et polonais, à grand renfort d'expressions latines qui nous étonnent, nous les Latins, et nous font penser — ce n'est pas charitable — que Diafoirus a émigré en Europe centrale après ses démêlés avec Molière[108]. Un grand débat fait suite, auquel nous ne comprenons goutte, et pour cause, en dehors de quelques phares qui jalonnent le cours tumultueux de ces flots de paroles : *tumor inflammatoria, laryngitis, pseudo tuberculosis.* Le médecin-chef de l'hôpital, pardon !, du « *Revier* », Polonais[109] polyglotte et courtois, somptueusement vêtu de tweed roux, pansu, joufflu, fessu, prend la parole, et je vous jure qu'il ne laisserait pas sa place pour... un kilo de margarine. Au bout d'une heure, on se tourne vers la brochette dépenaillée que nous formons et l'essentiel nous est traduit en français. Puis des radios circulent de main en main... Et tout le monde se congratule. Pourquoi être méchant ? Dans quelques mois nous en ferons peut-être autant pour nous distraire ? Oui, mais demain, notre compatriote à la *tumor inflammatoria* sera fort gentiment inscrit par nos chers collègues, au cours d'un choix effectué sous la surveillance d'un médecin *SS*, sur la liste des départs à Dachau. Car, tout le monde le sait bien, on ne « pique » plus à Mauthausen. Les incurables et les faibles sont expédiés à Dachau. Dachau qui semble, pour les ignares d'ici, une espèce de Mecque médicale avec, en songe, des enfilades de lits blancs dans des chambres propres[110]. Et notre camarade verra, après un court voyage en camion-chambre à gaz[111], son équipée prendre fin au four crématoire de Gusen[112]. Cruel destin pour un si beau cas !

Ballets

Dimanche soir, fête ! Elle a commencé tout doucement. Dans le bloc sombre aux atroces relents, des notes cristallines jaillissent quelque part d'une mandoline. Notes égrenées sans but, sans lien apparent, pizzicati aux résonances qui se prolongent, essais d'accord. Puis, un air se précise, une mélodie incertaine qui ne tient au début que par son rythme. Voici maintenant la phrase « attrapée », et on ne va pas la lâcher de si tôt ; elle est retournée sous toutes ses faces, comme pour des amateurs difficiles. La voilà, à présent, doublée en mineur par une guitare. C'est toujours la même phrase qui, à la longue, devient entêtante comme une rengaine. Elle semble prendre un envol triomphant et tout le monde se tait soudain : un jeune infirmier yougoslave, mince, au visage de fille, a sauté de sa couchette ; il esquisse quelques pas sur la terre battue. Une ombre, et un malade surgit à ses côtés, flottant dans son linge crasseux ; ils se prennent par la taille et font quelques jetés de jambe, comme des « girls » un peu lourdes. Ils sont quatre... Tout le monde fait cercle, et la même phrase sonne, précipitée, bousculant son rythme ; ce n'est plus qu'une mélodie. Mais le petit corps de ballet saute en cadence, battant le sol de ses pieds nus, dont le choc amorti scande, comme un rappel à l'ordre, la musique. Les instruments se sont tus, d'un coup, et la danse s'arrête. Mais l'élan est donné. Un Allemand dément, grimaçant, tourne aux sons d'une valse qu'il est le seul à entendre, avec des ronds de bras gracieux. Puis un Caucasien bondit dans l'arène ; c'est, paraît-il, un danseur professionnel. L'assistance applaudit et rythme, en claquant des paumes, une ritournelle qui passe et repasse comme les figurants du Châtelet[113]. Tout à l'heure inerte et gisant, il renaît, il a touché sa terre natale, comme Antée[114]. Voici une danse cosaque, archi-classique, qui surprend parce qu'on la connaît trop. Puis, après un cours entr'acte, le danseur ou, mieux, cette fois, le mime, costumé d'oripeaux disparates, une canne à la main, exécute, à la grande joie des spectateurs, une sorte de courante[115] où il prend, par instants, la silhouette de Charlie Chaplin. La représentation dure depuis une heure. Notre chef de bloc, Karl, le roquet assassin[116], est venu, attiré par le tapage ; et comme un amateur d'art, il reste, assis sur un escabeau, jusqu'à l'épuisement physique des acteurs. Il distribue quelques cigarette, mécène jusqu'au bout des ongles ; puis, pour écarter un malade qui lui barre le chemin, il lui décoche, le plus simplement du monde, un direct à la mâchoire. Knock-out. Car c'est, de plus, un sportif.

La visite

L'ennemi du prisonnier, c'est le pou. Des affiches, placardées un peu partout, le proclament : *Eine Laus - Dein Tod* [117]. Et les contrôles sont fréquents. Ils ont lieu tous les deux jours à l'hôpital et tout le monde y prend part. Dans la cour du *Revier*, quelque soit le temps, les malades défilent, nus, en quatre longues files interminables. Ils passent d'abord devant un infirmier spécialisé dans la chasse aux insectes, montant sur un escabeau, et aucun recoin de leur pitoyable anatomie ne demeure inexploré. Les médecins attendent, derrière. Par une touchante attention, on a pensé que nous serions heureux d'examiner quelques-uns de ces malades qu'il est pratiquement impossible, dans l'intérieur du bloc, de soigner. Il faut aller vite, cent hommes en deux heures. Contentons-nous donc de jeter un rapide coup d'oeil et, par moments, un coup d'oreille encore plus hâtif. les voici, les héros de la cérémonie, efflanqués, excavés, la peau terne, grisâtre, mendiant un conseil, une parole qui ne fût point brutale, exhibant des plaies atones, des ulcères violâtres... Il n'y a, au bloc 5, que des convalescents... et chaque semaine, on en envoie une centaine, ceux qui peuvent marcher tout seuls, au travail. Quelques pansements, beaucoup de pommades à calmer les angoisses. Brusquement une diatribe rauque éclate, de l'entrée de la baraque : c'est l'heure de la soupe. Alors tout le monde se précipite. Voici l'instant si attendu, tous les maux sont oubliés sur-le-champ au profit du plus implacable, du plus impitoyable — du plus incurable ici —, la faim.

L'esprit de justice

Qu'ont-ils fait ? Ils sont soupçonnés d'avoir dérobé des cigarettes à un camarade de lit, qui s'est plaint et les accuse tour à tour, indécis. Le corps du délit a été retrouvé dans la paillasse voisine. Le vol est un crime et doit être sévèrement châtié. Karl le sait bien, notre chef de bloc[118], petit homme à la voix éraillée, nerveux, sans cesse en colère, lui qui chaque jour détourne de son but une partie de la nourriture des malades dont il a la charge. En tout cas, si le doute est permis, l'hésitation ne l'est pas ; et il faut sur-le-champ procéder à l'interrogatoire. Les deux prévenus, à tour de rôle, sont étendus sur deux tabourets et interrogés à coups de manche de pioche. Le résultat — je parle de ce qui concerne la marche vers la vérité — est peu concluant. Alors Karl interroge lui-même, en tapant sur la tête des intéressés. Ce qui entraîne, non des aveux, mais en tout cas, un silence prolongé de l'un d'eux. Alors, furieux de ce silence, il jette sur le sol celui qui reste et, se retenant aux montants du lit le plus proche, il saute à pieds joints sur lui, sur sa poitrine, sur sa face en hurlant, sans doute un hymne à la justice et à son culte[119]... Quelques heures après, on venait m'annoncer que je partais en tant que chirurgien dans un *Kommando* dont personne ne savait le nom... Ces assassinats furent ma dernière vision de Mauthausen que je devais quitter le lendemain, après avoir revêtu, à nouveau la tenue rayée, et passé la nuit en quarantaine. Gilbert vint m'étreindre au moment où je quittai l'hôpital, et j'étais comme indifférent.

Tourisme

Un petit voyage à travers l'Autriche, par un après-midi de mai. Les voyageurs ne semblent pas très recommandables avec leurs vêtements de pitre, à rayures, et leur petit béret de même étoffe sur leur tête tondue. Ils sont une centaine, empilés dans trois camions. Voici Linz, grande ville propre, avec des femmes élégantes, ondulées, en robes claires, qui passent avec un regard dont la curiosité est vite domptée. Voici une longue route, toute droite, dont la poussière dorée s'envole derrière les voitures, qui sépare des champs où de vieux paysans travaillent sans tourner la tête. Voici d'autres villes, d'autres villages, Attnang - Puchheim - Wels : visions fugitives d'enfants blonds, de mères poussant de petites voitures... Voici un lac[120], immense et tranquille, bordé de hautes montagnes couvertes de neige... Voici un camp, son portail, ses barbelés en double épaisseur, électrifiés, ses miradors et ses baraques. Voici Ebensee.

Troisième partie

Ebensee

Le système

Il faut maintenant que je vous explique le « Système ». Le point de vue des dirigeants : ennemis de l'Allemagne, nous sommes condamnés à mort ; c'est une loi de la guerre. Seulement, il nous faut auparavant, rembourser les frais que nous avons occasionnés : prison, transports, etc... Alors, au pays du capital-travail[121], nous devons travailler, et beaucoup. Naturellement, il importe que notre entretien ne coûte pas trop cher, alors on nous donne peu à manger. Enfin, il ne faut pas de bouches inutiles, et la solution est simple puisqu'il s'agit de condamnés à mort. Puis, il est nécessaire que l'ordre règne ; mais sans trop de gardiens ; les hommes sont plus précieux ailleurs. On choisira donc des auxiliaires dans nos rangs et surtout on fera appel aux droits communs allemands : les emplois[122] de chefs de bloc, de chefs de chambre, de chefs de camp, de policiers, de contremaîtres, c'est-à-dire de « capos » leur seront réservés ainsi qu'à ceux qui sont doués, par exemple les Polonais. L'ordre doit régner à n'importe quel prix et l'on peut faire confiance pour les moyens à utiliser à un assassin de Hambourg ou à un vieux cheval de retour[123] de Munich. Aussi ont-ils carte blanche. Enfin, il faut éviter la réaction, les contre-révolutions ; un principe essentiel, vieux comme la sagesse du monde : diviser pour régner ; et quelle meilleure division que celle obtenue en mélangeant les races[124], les religions et les nationalités ? Tout ceci est donc très simple. Le point de vue des intéressés est, lui, encore bien plus simple : beaucoup de travail, peu de nourriture. Il faut tenter de vivre et le plus longtemps possible. Donc manger davantage. Ne soyons pas trop exigeants quant aux moyens employés à se procurer des aliments supplémentaires et tant pis pour les malades, les scrupuleux (les imbéciles) et les faibles. Je vous dis qu'il faut tenter de vivre.

La cité

C'est une ville, ce camp[125], avec tout ce que comporte une vie bien organisée, un commencement et une fin. Le début, c'est, à l'extrémité Est, la place d'appel, ronde, immense, boueuse, bordée de baraques qui sont des ateliers, des magasins, des cuisines, avec, dans un coin, entre deux sapins, la poutre qui sert de potence en cas de besoin. Deux routes partent de cette place ; routes longues, longeant des « blocs » où se presse une humanité sale, rayée, plus grouillante au moment de la soupe, du départ au travail, ou quand elle va, nue sous la neige, aux douches. La fin s'annonce graduellement : par le *Revier* (l'hôpital)... Une partie des malades peut reprendre le travail et retourne pour un temps plus ou moins long dans les baraques du camp, l'autre attend ici une fin dont le terme, assez bref pourtant, est quelquefois hâté dans les blocs d'extermination. Quant à la conclusion elle-même, elle se trouve dans l'angle Nord-Ouest du camp, c'est le bâtiment du four crématoire[126] avec sa cheminée de 25 mètres de haut, toujours fumante. Il est vrai que cet établissement n'entrera en fonctions qu'au mois d'août. Voilà le chemin tout tracé pour ceux qui sont envoyés dans ce camp. Une entrée et une sortie ; sortie vers l'infini des cieux[127]. Je ne sais si tous les urbanistes du *Grand Reich* ont une aussi géniale logique...

La société

On a reconstitué ici, la Société. Évidemment, les lois en sont plus brutales, et plus franches aussi. Mais ce n'est plus l'horizon étriqué de la prison, où l'on n'a d'autre compagnie, le plus souvent, que soi-même. Il y a des puissants, c'est-à-dire ceux qui sont forts parce que bien nourris, et d'ailleurs bien nourris parce que forts... Il y a les capitalistes qui possèdent beaucoup de cigarettes pour les échanges. Et puis il y a les pauvres, les opprimés, ceux qui sont faibles ou qui ont trop de scrupules. Il y a les malins qui flattent les dieux, les combinards. Il y a les fiers, les désintéressés qui meurent de faim pour ne pas s'abaisser. Pour que tout soit bien complet, il y a aussi les apôtres ; et rappel de la vie que nous avons quittée, ils sont tout aussi rares et peu récompensés. Rappel encore, on parle beaucoup d'entraide, de fraternité et de charité. On en parle... et chacun pour soi. Voilà donc un problème expérimental. Encore un, et qui a bien dû tenter les sociologues d'outre-Rhin. Enlevez, à toute une série d'êtres humains, *tout*, absolument tout ce qu'ils possèdent. Et placez-les dans des conditions identiques d'habitat, d'alimentation, d'hygiène, de travail ; et surtout, pas d'argent. Et, au bout de quelque temps, défi cinglant aux derniers partisans de l'Égalité, vous verrez renaître les thésaurisateurs, les banques, les intermédiaires et les parasites... *Homo, homini lupus*[128] ? En tout cas, le résultat est là : exploitants et exploités s'affrontent. Il y a seulement davantage d'assassins. On peut évidemment me rétorquer que le système est surveillé par les *SS* et que ce sont eux qui imposent les exploitants, pour rendre nos conditions d'existence plus précaires. Oui, sans doute, mais la solidarité entre les peuples, la solidarité entre hommes d'un même pays, d'une même religion, d'une même race[129], vous y croyez encore, après un séjour en camp de concentration ? On a juxtaposé, parfois, certains intérêts, mais cela, est-ce vraiment la solidarité ?

Ambulanz

« *Kachli, husten, tousses, tossire. Craches-tu ? Plouieche ? Sputare ? Spucken Sie* ? » Les mots, les quelques mots élémentaires vite appris afin d'avoir un minimum d'efficience, volent. Surtout il ne faut pas laisser les patients se livrer à des discours rapidement incompréhensibles. Il vaut mieux les enclore dans les limites d'un interrogatoire appris par cœur. D'ailleurs, il ne faut pas traîner. Et puis, à quoi bon ? Il faut bien s'en tenir à ce que l'on voit, à ce que l'on peut constater ; et le problème est à peine d'ordre médical : ces gens-là peuvent-ils ou non travailler ? Quel remède, en dehors du repos, pouvons-nous leur offrir ? La pièce est petite. Elle est réduite d'un tiers par un banc qui limite l'espace où évoluent quatre infirmiers qui roulent dans leur matinée des centaines de mètres de bandes de papier, qui appliquent au gré de leur fantaisie des pommades jaunes, rouges, noires, grises. Derrière moi, assis sur une table, en brochette, il y a la commission exécutive composée du capo du *Revier*[130] Hermann (nous sommes encore dans l'ancien *Revier*, le nouveau n'est pas encore terminé), du caporal *SS* Schilling, et du sous-officier *SS* infirmier Deutschmann qui devait peu de temps après être déplacé pour vol trop manifeste. Ce sont ces trois personnages qui règlent l'ordonnance de la consultation et décident en dernier ressort. Pour moi, je ne suis guère qu'une machine à faire des diagnostics. Coups de gueule pour accélérer le train des choses. De temps en temps, un de ces messieurs saute de son perchoir et examine un pauvre hère, heureux de jouer au médecin... Le vacarme est assourdissant et l'auscultation proprement impossible. Pour se dégourdir — ou se distraire —, les seigneurs du lieu se livrent à un peu de gymnastique. Un poing rase mon oreille et va heurter la face du malade que j'interroge, ou bien un pied bien ajusté fait rouler par terre un habitué reconnu. Si l'intéressé ne s'en va pas au plus tôt, alors un héros de vert vêtu[131] se précipite et le fait valser dans la salle d'attente... Ajoutons, pour compléter le tableau, deux ou trois galeux qui se frottent dans un coin avec une matière huileuse, et Petit-Louis, le consciencieux promu au rang de contrôleur des diarrhées qui, soucieux de la bonne tenue de son matériel, dit parfois d'un ton plein de reproches : « Il s'assied comme une vache, il va casser la mandoline[132] ! »

L'atmosphère

La pluie est venue, succédant à la neige. Elle va durer des mois. Humidité des sous-bois sombres où sont établies les baraques. La nôtre est si exiguë que les malades et les blessés se touchent et que l'on vit pratiquement au milieu d'eux, de leurs gémissements, de leur puanteur, de leurs parasites. Est-ce d'ailleurs seulement un hôpital[133] ? Le centre de l'espace qui lui est réservé est occupé par la morgue ; c'est, entre les deux blocs principaux, une espèce de casemate creusée en terre, étayée de rondins ; elle est étroite et les corps sont entassés les uns sur les autres. Et tout le jour, c'est un défilé incessant de civières qui viennent pour la plupart du bloc des dysentériques et des tuberculeux. Il faut y ajouter les morts violentes, et elles sont nombreuses, corps aplatis comme des galettes par un coup de mine, crânes défoncés[134] ; mais ce n'est pas tout, il y a également les candidats à l'évasion, toujours repris, les règlements de compte entre droits communs et les morts imposées à ceux qui ont tout simplement déplu à quelque seigneur de l'endroit. La grande mode en ce moment est le « fil ». C'est-à-dire le contact un peu brutal entre un être humain qui ne demande qu'à vivre et des fils barbelés qui conduisent un courant électrique de 12000 volts. Et tant que le four ne sera pas construit[135], deux fois par semaine, on prépare, sous nos fenêtres, en plein jour, devant tous les malades, les expéditions à Mauthausen. De grandes caisses arrivent de la menuiserie. On y tasse à coups de talon deux ou trois corps, un couvercle à claire-voie est fixé par quelques clous, et il n'y a plus qu'à attendre les camions qui viendront prendre leur chargement le lendemain matin. Je me rappelle que, deux jours après mon arrivée à Ebensee, le soir, en revenant du bloc des contagieux, j'ai rencontré une pile de ces grandes caisses sur le bord du chemin ; je ne savais pas ce que c'était et me suis penché sur une fente qui bâillait entre des planches rugueuses de sapin. Alors j'ai vu, j'ai vu deux yeux grands ouverts qui luisaient dans l'ombre et qui semblaient me regarder avec reproche.

23 mai

Je finissais d'opérer une fracture de jambe ouverte, aidé du docteur Quenouille[136], dans le petit réduit de 3 mètres sur 2, dénommé salle d'opération, quand les premiers coups de feu retentirent au loin ; isolés, puis en salve, de plus en plus rapprochés. Quelqu'un alla aux nouvelles et revint bien vite, tout pâle et nous dit : « Le commandant du camp est saoul. Il a déclaré qu'il voulait mettre de l'ordre dans le camp et, accompagné de deux *SS* armés de mitraillettes, il abat tout ce qu'il rencontre... »[137]. Les rumeurs s'approchaient, claquements coupés de cris rauques dans la nuit. Tout à coup, une grêle de balles vint frapper les contrevents de la baraque où nous étions : ce fut une fuite éperdue, tous les infirmiers se précipitèrent sous les lits et sous les tables. Pendant ce temps, Quenouille poursuivait la conversation commencée et me parlait fort calmement de symptômes qu'il avait souvent observés et qu'il attribuait à une avitaminose. Le silence parut renaître, les coups de feu s'éloignaient quand brusquement on frappa brutalement à la porte d'entrée. Tout le monde retenait son souffle et l'on put voir le capo s'embusquer près de la porte, un grand couteau à la main, prêt à vendre chèrement sa vie. Quelqu'un alla ouvrir, plus mort que vif. C'était un blessé, tout pâle du sang qu'il avait perdu. On se mit peu après à la recherche des victimes éparses un peu partout : quinze morts, une dizaine de blessés ; nous opérâmes toute la nuit.

Les loups

De la fenêtre de l'ancien *Revier*, on voit très bien la place d'appel. Ce soir, il y règne une agitation inaccoutumée : de vastes remous, une cavalcade éperdue, des hurlements de colère... Il paraît que l'on va chatouiller un peu les côtes aux gros Juifs qui nous sont arrivés de Mauthausen il y a quelques jours[138]. Tous nos camarades d'Europe centrale, Russes y compris, les regardent sans aménité. Est-ce leur embonpoint qui leur fait envie ? Pourtant ils n'auront pas longtemps à attendre pour constater que leurs nouveaux camarades de misère sont aussi maigres que la moyenne. En attendant, Lorenz, le chef en second du camp[139], après avoir fait un discours bien senti à tous les Juifs nouvellement venus, leur annonce que ce soir, ils vont encore travailler pour se dégourdir un peu. Et maigrir. Les *SS* sont absents de la parade qui se prépare, mais ils peuvent être tranquilles, leurs instructions seront exécutées point par point et même au delà. Pour l'aider dans cette tâche, Lorenz a fait appel à quelques collaborateurs sûrs, comme le Tzigane[140] et le petit capo polonais de 16 ans qui fait l'admiration de tous par l'aisance avec laquelle il manie la trique. C'est de plus un noyeur de première force[141]. Alors, en avant et au trot ! Démarrage des 1800 hommes dans un concert d'invectives. Solidement encadrés, il faut qu'ils passent devant Lorenz et ses aides embusqués à l'entrée d'une route principale du camp. Il les fustige au passage à toute volée. Les coups volent, ces coups dont on croit entendre encore le bruit sourd, des mois après... Tous ces hommes, arrachés il y a un mois à peine à leur vie paisible et confortable, à leur ville ou à leur village de Hongrie, commerçants, médecins, fonctionnaires, artisans, sont évidemment un peu hésitants, un peu ahuris. Ils sont médiocrement doués pour les exercices physiques violents et la vie du camp. Ils paieront par des morts nombreuses ce peu de prédisposition. On les voit sauter lourdement pardessus les rails Decauville[142], trébucher dans les ornières, sur les cailloux. Les capos voltigent comme des peaux-rouges attaquant un train, volant littéralement de l'un à l'autre, cognant à toute volée, insultant... Insultant qui ? Des camarades de misère..., des opprimés comme ils le sont eux-mêmes, car il n'y a pas que des droits communs allemands dans ces loups qui s'acharnent... Ils y mettent davantage que le zèle indispensable à obtenir une soupe ou des cigarettes supplémentaires. Ils en font trop. Et ce qu'ils font en trop, ils le font par haine. Haine devant ces hommes qui, il y a quelques semaines encore, menaient une existence douillette, haine contre ces hommes qui étaient peut-être plus riches qu'eux... Les *SS* peuvent reposer en paix. Voici justement devant la porte même du *Revier* le petit capo aux prises avec un vieillard de 60 ans, aux cheveux tout blancs. Il revenait chargé de pièces de bois, comme ses compagnons, et il a trébuché dans un rail. L'autre lui a bondi dessus et l'a relevé à coups de gourdin... Le pauvre vieux s'est redressé, est retombé, avec un filet de sang qui coulait d'entre ses cheveux. Le petit capo s'est acharné, et le voici maintenant qui le force à courir, à en perdre le souffle, en lui assénant tous les deux pas des coups sur l'échine et en poussant lui-même des hurlements sauvages.

Chasse à l'homme

Un homme manque à l'appel. Il est sûrement dans le camp, il se cache, il faut le retrouver. On fait appel aux hommes sûrs. Chefs de bloc[143], capos allemands, policiers, pompiers polonais. À chacun sa trique. Les secteurs de recherche sont distribués et tout le monde s'affaire aussitôt. On peut là encore faire confiance aux chasseurs ; ils y mettront tout le zèle désirable. Ils regardent sous les blocs, dans les appentis, sur les toits, dans toutes les cachettes possibles. Les voici maintenant en file, comme des rabatteurs, fouillant un petit boqueteau qui se trouve derrière nos baraques et qui comprend quelques taillis. Les visages sont tendus par l'attention ; une flamme méchante flambe dans leurs yeux. Pourquoi perdre son temps à essayer de se dire que celui qu'ils recherchent est un de leurs frères, qu'il a voulu échapper à leurs bourreaux communs... Des cris de victoire éclatent sur le chemin. Il est retrouvé. Un petit cortège s'avance : ils sont quatre solides gaillards à porter ce qui n'est déjà plus qu'une loque humaine, chacun tenant qui un bras, qui une jambe, et le malheureux est littéralement ventre à terre. Il s'était endormi dans un coin sous un bloc. Il est au surplus tout à fait inutile de se perdre en conjectures sur le sort qui l'attend...

Les chefs

Quatre hommes, quatre détenus comme nous tous, dirigeaient la marche du camp, la discipline, l'organisation du travail : de l'un d'eux, nous ne parlerons guère. Il s'agit d'Albert, le *Lagerschreiber I*, c'est-à-dire le chef du secrétariat du camp. Francophobe en 1942, francophile en 1944 au moment de l'avance alliée. Le cas est banal ; et si cet homme bavard, suffisant et replet a, par son action, favorisé la bonne organisation du travail au camp d'Ebensee et par là, aidé d'une façon non négligeable l'industrie de guerre allemande, du moins n'a-t-il jamais été un assassin et a-t-il, sur le tard, favorisé les Français. Paix donc sur lui. Les autre étaient d'une autre trempe : il s'agit des chefs du camp en premier et en second[144], Magnus et Lorenz, et du chef d'orchestre Karl.

Magnus Keller[145], mécanicien à Munich. Arrêté par la police de Hitler lors de la « nuit du long couteau » qui coûta la vie à Röhm[146]. C'est donc un nazi convaincu, fanatique même. Cet homme, géant, au volume considérable, véritable caricature d'un dessin de Hansi[147], rougeaud, fumant perpétuellement une grande pipe de porcelaine, est responsable de bien des morts et de bien des détresses. Absolument aux ordres de ses anciens camarades, les *SS*, il avait droit de vie et de mort sur nous, et il ne se privait pas d'abuser de ce privilège. Sa silhouette massive, dominant celle toute menue du commandant *SS* du camp, était familière à tous, et combien redoutée. Il était prêt à exécuter n'importe quel ordre, si inhumain fût-il. Il avait la haute main sur la discipline, choisissant les chefs de bloc[148], les renvoyant quand ils étaient trop mous, et il détestait les Français qui en virent de dures avec lui. Il n'intervint jamais pour assouplir des mesures trop rigoureuses. C'était l'exécutant idéal.

Lorenz, lui, était un peu différent. Il avait été, paraît-il, un cambrioleur célèbre, en son temps. Depuis de longues années sous les verrous, il était devenu une sorte de bête sauvage ; il avait absolument la type du Prussien et il ne lui manquait guère que le monocle. Visage dur, énergique, cruel : corps musclé, toujours botté, parcourant à grands pas les allées, cognant comme à plaisir, sans motif. On le voyait souvent aussi avec le commandant du camp, casquette en main, servile, s'élançant tout à coup pour assommer un passant qui n'avait pas salué assez vite. Il semblait perpétuellement gonflé d'une colère irrésistible. C'est lui qui signifiait aux condamnés à mort officieux leur sentence et qui les accompagnait dans quelque coin désert où il les incitait à se pendre... Toutes ces excellentes dispositions avaient leur salaire : la permission exceptionnelle de sortir à son gré du camp et de circuler dans les environs.

Le troisième larron, pour n'être pas tout à fait officiel, n'en était pas moins redoutable. Il avait été un temps chef en troisième du camp[149], puis chef des policiers[150]. Quand la constitution d'un orchestre fut autorisée, il fut son chef. De prime abord, c'était un homme courtois, calme, au parler mesuré, ce qui surprenait un peu. Pâle, souffreteux, mais l'oeil extraordinairement faux. Son orchestre était un mélange curieux de guitares et d'instruments en cuivre — on s'étonnait qu'il y eût encore tant de cuivre en Allemagne[151] — qui devaient nécessiter de la part des musiciens davantage de souffle que de connaissances musicales. Quant à son répertoire, on pouvait y voir l'indice d'une âme sentimentale, par le choix des lieds[152] et des chansons d'amour populaires. À ses fonctions de chef d'orchestre, il en ajoutait deux autres : celle d'accompagnateur des condamnés à mort au lieu de leur supplice : il ne les lâchait pas d'une semelle jusqu'à ce qu'ils fussent pendus ; et celle, inconnue de presque tous, de bourreau officieux. C'est à lui que le commandant du camp disait : « Je ne veux plus voir cet homme-là ». Il saluait et, dans la nuit, venait chercher son patient pour l'emmener aux douches où, aidé de deux acolytes, dont le petit capo déjà cité[153], il le noyait fort proprement et sans se départir de son calme.

L'épouillage

L'offensive menée par les poux dans notre camp est si vigoureuse que l'invasion est totale. On en retrouve partout : à l'hôpital, dans toutes les salles, dans tous les pansements et, supplice qui réjouirait les plus raffinés, dans les appareils plâtrés. La direction du camp a décidé de profiter des deux jours de répit accordés aux prisonniers à l'occasion de la

Pentecôte pour employer les grands moyens. Appel a été fait à une entreprise civile qui est venue avec son matériel et son personnel : un médecin, deux aides et trois infirmières. La chose se passe en grand et l'on n'a reculé devant aucun sacrifice. Tout le camp est depuis le matin, en chemise, sur la place d'appel ; les vêtements sont restés dans les blocs qui sont gazés : le produit employé est le cyclone « B » dérivé du cyanogène (C'est le cyclone « A » que l'on utilise dans les chambres à gaz[154]). Tous les détenus passent à la douche où règne un sévère contrôle et c'est là un spectacle haut en couleur. Dans l'air frais les hommes attendent nus. Ils sont entièrement rasés et se présentent devant deux infirmières qui, gantées de caoutchouc, fouillent les recoins les plus intimes de ces squelettes vivants, relevant les « parties » d'un geste décidé. Nous n'avons pas été exempts de cette investigation. Ensuite, les aides pulvérisent un insecticide quelconque, et c'est la douche tiède, puis glacée. La troisième des walkyries[155] est là et veille à ce que chacun demeure un temps suffisant sous la douche froide. Les malades n'ont pas été oubliés. Il faut être radical dans tout ce que l'on entreprend[156]. Les blessés, les opérés d'ici il y a deux jours sont aussi présents à la cérémonie, vacillant sur leurs jambes, pansements enlevés, plâtres ouverts ; ils n'ont pas l'air de goûter comme il conviendrait ces mesures d'intérêt général[157]. Ces mesures nous débarrassèrent pour un temps des parasites ; elles nous débarrassèrent également d'un certain nombre de pneumoniques, de tuberculeux et de diarrhétiques.

Le Don Juan

Otto Niedrig est, depuis le renvoi d'Hermann[158], capo du *Revier*. C'est un « vert », un droit commun allemand, ainsi nommé d'après la couleur du triangle qui précède son numéro de matricule (rouge : politique ; noir : asocial[159] ; violet : objecteur de conscience évangélique[160] ; jaune : Juif ; bleu : « réfugié politique » c'est-à-dire Espagnol[161] ; rose : homosexuel[162]; tous les Allemands du camp devraient avoir droit à ce dernier triangle[163]). Maigre, sec, élégant comme un lad[164], grand amateur de beaux habits, tel est notre maître ; sa réputation de tueur est dûment établie. Sa voix est tout éraillée et son patois berlinois est presque incompréhensible. C'est un chef, et un des hommes les plus écoutés du camp. Seuls les petits Russes et les jeunes Polonais trouvent grâce auprès de lui ; il en raffole. Son terrain de chasse est le bâtiment des douches où il a ses entrées en tant que responsable du service sanitaire du camp ; il passe en revue les nudités offertes et fait son choix. L'élu du jour reçoit l'ordre de se présenter le lendemain à la visite. Otto est là qui l'attend. Il signe lui-même le bulletin d'admission, avec un diagnostic de circonstance, « *pleuritis sicca* » ou « *bronchitis febrilis* », cela dépend des moments. Il va ensuite voir son protégé dans la salle des malades, et lui fait porter des suppléments de nourriture. Il fait ainsi sa cour deux ou trois jours. Puis on s'aperçoit que le mignon a une belle chemise civile. Le lendemain, il est promu au rang de *Stubendienst*, c'est-à-dire de valet de chambre ou de garçon de salle ; enfin, un jour, il a une belle casquette, il fait désormais partie du harem ; craintif les premiers temps, on s'aperçoit qu'il prend de plus en plus d'assurance et, le jour où il vous insulte et menace de tout raconter au capo, alors c'est qu'il est devenu un favori. Si, par hasard, il sait gratter la mandoline, sa fortune est faite, car Otto est mélomane. Le pauvre Kyril, maîtresse officielle d'Otto, prend des allures de femme délaissée... et conte quelquefois ses malheurs conjugaux. Que disent de tout ceci messieurs les *SS* ? Rien ; ils sont parfaitement au courant ; et d'ailleurs, l'un d'entre eux, Deutschmann[165], se pourvoyait au *Revier*...

La syncope

L'affaire est claire. Elle est criante d'évidence. Otto, accompagné de Paul Friedl, secrétaire du médecin-chef *SS*, m'a emmené constater un décès. Nous avons trouvé le corps dans le *Waschraum*, c'est-à-dire les lavabos du camp. Le corps est nu, étendu sur le sol, les bras écartés ; il semble tout humide, les cheveux sont mouillés. Le visage et le cou sont bleus, les lèvres un peu tuméfiées. Derrière, une barrique à moitié pleine d'eau ; tout autour, sur le ciment, des flaques d'eau, des éclaboussures. En arrière-plan, les bras croisés, le chef d'orchestre Karl Maierhofer[166], les yeux fous, les vêtements trempés, entouré de ses deux acolytes, le petit capo polonais et le Tzigane Hoffmann. L'affaire est claire. L'homme est mort ; on me demande seulement de constater le fait. Et le secrétaire inscrit, sur le registre déjà bien rempli des morts, dans la colonne *Todesursache* — cause du décès — ce simple mot : syncope. Qui pourrait dire le contraire ? Qui oserait ? Il y a beaucoup de syncopes au camp en ce moment, et le mal est contagieux.

La cheminée

Nous l'avons vu croître avec angoisse, souhaitant qu'un cataclysme soudain, un bombardement, la réduise à néant avant son achèvement. Schilling[167] était très excité par cette construction. Il m'emmenait souvent avec lui voir l'achèvement des travaux et il me montra même un jour les « bleus » de l'architecte. Je vis ainsi établir les solides fondations du four crématoire et les assises de cette cheminée qui montait chaque jour davantage dans le ciel. À côté du fourneau était une espèce de casemate en ciment que le *SS* m'avait indiquée du doigt d'un air goguenard, sans m'en révéler la destination. Plus tard, j'appris que c'était la chambre à gaz, qui d'ailleurs ne fut jamais mise en service, faute de matériel spécial. Un jour, en juillet, nous vîmes la cheminée et ses échafaudages couronnés de feuillages et ornés d'un drapeau rouge à croix gammée. Dans tous les pays du monde, les maçons ornent de drapeaux les faîtes des édifices qu'ils ont achevé de bâtir. Les crématoires sont des édifices comme les autres. Et avant même qu'on eût achevé, pour la camoufler, de la peindre en vert, elle se mit à fumer. Timides essais d'abord, puis ce fut la mise en route définitive... Cheminée haute comme un phare, dressée ainsi qu'un signal sur le plateau où était édifié le camp, qui dominait la vallée de la Traun[168], comme nous t'avons haïe ce jour-là. Il nous semblait que la Mort était vraiment à notre porte...

Les maîtres

Des *SS* qui nous gardaient, quatre s'occupaient spécialement de nous : le commandant du camp, le médecin-chef, le sergent infirmier et le caporal chargé de la discipline et des appels.

Toni Gams, *SS-Hauptsturmführer*[169], commandant du camp, avait succédé à notre assassin du 23 mai[170]. Sous des dehors plus calmes, il était bien plus cruel et plus dangereux. Certes, il n'y eut plus d'hommes envoyés au « fil »[171] en plein jour, il n'y eut presque plus d'assassinats bruyants. Mais les noyades clandestines, les « suicides » se multiplièrent... Cet homme, physiquement, faisait exactement songer à une hyène. Petit, maigre, élégant, haut botté, ce qui frappait en lui c'était une espèce de rire muet, de rictus qui découvrait continuellement sa denture aurifiée. Il marchait à pas allongés, souples, lents, toujours suivi d'un ridicule et minuscule chien de manchon. Il ne portait presque jamais de pistolet, mais une solide cravache dont il se délectait de frapper les prisonniers en plein visage et à l'improviste. Il s'était juré de faire périr tout le camp à la tâche[172] et nous avait bien, et publiquement, promis que pas un seul d'entre nous ne sortirait vivant de l'enceinte ; il avait d'ailleurs tout fait préparer dans ce but, et seule l'avance rapide des troupes américaines contraria ses projets. Il venait souvent nous rendre visite au *Revier*, car il y trouvait deux spectacles de prédilection : tout d'abord, le bloc où étaient parqués et entassés les malades juifs ; et il ne manquait jamais de faire aux médecins qui les soignaient la recommandation de faire crever les vieux afin que les jeunes aient davantage à manger et puissent reprendre le travail plus tôt. Puis il s'en allait faire un petit tour au crématoire...

Le docteur Willi Jobst, *SS-Hauptsturmführer*[173] et médecin-chef du camp, était un homme jeune, sportif, râblé, le visage tanné par le grand air, point trop ignorant en certains domaines de la médecine et dont l'attitude paradoxale resta et reste un peu une énigme. Ce Sudète[174], qui avait étudié à l'Université allemande de Prague, détestait les Français et avait placé deux médecins français à la direction technique du *Revier*, Français qu'il défendit contre toutes les intrigues. Un soir, de concert avec Gams, il abattit un prisonnier qui était en retard à l'appel. Et, à deux reprises, il revint exprès au *Revier* après dîner pour apporter du sérum antidiphtérique pour deux malades juifs... Il avait donné des instructions précises à Helmuth, chef d'un des blocs d'extermination et, par ailleurs, interdit formellement les injections d'essence intracardiaques[175]... Il effectuait lui-même le choix des faibles à renvoyer à Mauthausen où ils étaient en grande partie dirigés vers la chambre à gaz, et il s'ingéniait pour trouver, dans toutes les pharmacies des environs, des médicaments que le camp central nous envoyait en quantité dérisoire. Il interdisait de donner aucun soin aux tuberculeux et à ceux qui, manifestement, étaient incurables, et il fit obtenir, pendant près de six mois, à une partie des malades, du lait, du beurre et des bouillies sucrées...

Kreindl, *SS-Unterscharführer*[176], sous-officier infirmier (*SDG*[177]), de son métier coiffeur à Linz. Le type de l'assassin froid, mais de l'assassin qui fait exécuter par les autres et qui ne salit jamais ses mains. D'une courtoisie exagérée avec les médecins, taquinant même parfois avec eux la gaudriole, il allait, la casquette autrichienne coquettement penchée sur l'oreille, bien pris dans son uniforme, de salle en salle, infligeant des punitions terribles sans jamais élever la voix. Il passait dans les travées, entre les lits, examinant avec soin les pancartes et désignant, de son index ganté de peau, les malades qui devaient être conduits au bloc d'extermination de l'hôpital. Il faisait un petit geste, un simple petit geste vertical de la main, et le sort d'un homme était fixé... Puis il allait dans le service des tuberculeux et veillait à ce que les fenêtres soient maintenues grandes ouvertes, en plein hiver — il faut de l'air à ces pauvres gens, tout le monde sait cela — et recommandait de ne leur donner que demi-ration...

Schilling, *SS-Rottenführer*[178], et au surplus *Rapportführer* du *Revier*[179], lui, s'occupait de l'ordre en général et il s'en occupait avec sérieux. Ce Roumain[180] faisait penser à un porc dont il avait la trogne et les petits yeux. Au surplus, grand, ventripotent, fier de sa force, et quand il pouvait frapper, ce n'était pas pour rire. Parfois, il ne dédaignait pas de prendre une certaine allure de cordialité. Quand, par moments, il voyait à la visite un vieux Polonais ou Russe pleurant à chaudes larmes parce qu'il ne pouvait plus se tenir debout, il venait affectueusement lui taper sur l'épaule et lui disait avec un cordial sourire : « Non, tu ne peux plus travailler. Eh bien, tu as une ceinture à ce que je vois, pends-toi donc, c'est si simple... » Et de fait... Ou bien il venait traîner sa bedaine aux pansements des phlegmons et quand il voyait un beau cas avec de grandes pertes de substance, une suppuration intense et un état général déplorable, il me disait avec une mine de brave homme : « Que pouvons-nous faire ? Il vaut mieux l'envoyer... dormir. Il a fini sa vie ; il a assez vécu... » Et de noter consciencieusement le numéro. Mais ceci, c'est le côté humain du personnage, quand il était bien disposé. Il y avait les autres jours, tous les autres. Car sa vie, son état habituel, consistait à appliquer lui-même au personnel les châtiments corporels, 25 coups de trique sur les fesses, par exemple — c'était le tarif maximum — ou la tête dans un seau d'eau durant trois minutes, un pied sur la nuque pour éviter que l'on triche... Sa vie normale, c'était également le matin, à la visite qu'il surveillait avec grand soin, ses décisions quant à l'aptitude ou non au travail des centaines de malheureux qui se pressaient dans l'espoir fou de quelques jours de repos, pendant lesquels ils survivraient, pendant lesquels il se passerait peut-être « quelque chose » — quoi ?, ils ne le savaient pas, mais quelque chose qui changerait la face de leur univers... Pour Schilling, le problème était infiniment simple : il y avait ceux qui, jeunes encore et suffisamment forts, avaient une affection curable et qui pourraient, une fois guéris, reprendre le travail ; il y avait ceux qu'on amenait à moitié morts, qu'il fallait porter, qu'il faudrait remporter et qu'il était plus simple de laisser à l'hôpital en attendant qu'on puisse les charrier au crématoire. Il y avait ceux qui pouvaient faire encore quelques pas, mais qui n'en avaient manifestement plus pour longtemps, les cachectiques[181], usés jusqu'aux cordes de leurs tendons ; alors ceux là, il les renvoyait au travail, assuré qu'il était que ces bouches bientôt inutiles resteraient dans quelques heures béantes...

L'appel

Deux fois par jour, il faut s'aligner dans le couloir de la baraque principale quand il pleut, dans la cour le reste du temps. C'est l'appel ; la corvée en est vraiment réduite au minimum, cela dure au plus un quart d'heure, et je songe chaque fois aux milliers de camarades qui restent une heure, et quelquefois davantage, sur la place par n'importe quel temps[182]. Miguel crie tout à coup « *Achtung* ! »[183] et Schilling apparaît, suivi d'Otto et de Sokol, le secrétaire en chef de l'hôpital. Cet appel est intéressant car il permet si bien d'étudier les réactions des différents peuples devant l'autorité qui nous est imposée. Les Tchèques semblent avoir avalé un balai, tellement ils sont raides, en hyperextension ; mais c'est chez eux la manifestation d'une politesse naturelle. Les Espagnols, depuis les quatre ans qu'ils sont enfermés dans ce bagne[184], ont adopté la manière allemande pour les formes extérieures de respect, tout en gardant l'indépendance de l'esprit. Les Russes et les Polonais paraissent connaître à fond la technique du garde-à-vous, un garde-à-vous un peu particulier, les coudes écartés du corps et légèrement ployés, le regard perdu au loin. Les Allemands claquent voluptueusement des talons. Quant aux Français... Ah les Français ! Ils ont toujours l'air de penser à autre chose. Ils sont là, vraiment parce qu'ils ne peuvent faire autrement. Et il ne se passe pas une quinzaine sans que Schilling ne se plante devant moi, l'air à la fois perplexe et étonné, et ne me dise : « Tu n'as donc jamais fait de service militaire ? ».

Le choix

Il faut désigner les hommes d'un « transport ». Il faut choisir les cinq cents hommes les plus faibles et les plus malades du camp pour les renvoyer à Mauthausen. Ils seront remplacés, nombre pour nombre, immédiatement, par des hommes en meilleur état qui doivent arriver demain. Tant que le four crématoire n'est pas terminé, il est plus facile de faire voyager, en wagons de marchandises, le bétail sur pied, faible certes, mais qui pourra toujours faire le chemin qui le sépare du four crématoire tout seul, que de transporter en camions cinq cents cadavres. Tout, on le voit, se résume dans ce cas à un simple problème de transport. C'est Jobst, le médecin-chef, qui préside à la cérémonie du choix. Dans la baraque vide, le voici assis sur une chaise dénichée on ne sait où, se balançant parfois sur les deux pieds arrières, fumant sans arrêt des cigarettes tirées d'un élégant étui, allumées aussitôt à l'un des multiples briquets qui lui sont immédiatement tendus. Nous sommes en été ; il s'est mis à son aise, en short et chemise à manches courtes, découvrant ses bras et ses cuisses musclés. Tête carrée, nuque puissante, il forme un étrange contraste avec la file de squelettes qui passe devant lui. Ceux-ci, au passage, sont empoignés par un capo qui les tourne et retourne comme des veaux au foirail ; on ne leur regarde pas dans la bouche, cela c'était un autre jour, quand on a compté les dents en or que chacun possédait[185]. Derrière, Kreindl et Schilling ne perdent pas un menu fait du spectacle. Vieux, éclopés de toutes sortes, porteurs d'ulcères et de suppurations traînantes, fantômes à l'allure trébuchante défilent sous l'oeil calme et attentif du chef : oeil infaillible... Il ne fait que deux gestes, il ne prononce que deux mots. Il désigne la droite en disant « *bleibt !* »[186] et les intéressés vont rejoindre la masse de ceux qui ne sont pas encore assez usés pour ne plus travailler ; ou bien il déclare « *weg !* »[187] en montrant la gauche, et les malheureux, happés par des secrétaires qui notent aussitôt leurs matricules, vont se perdre dans les rangs de ceux qui, tout à l'heure, solidement encadrés, vont être enfournés dans un bloc libre avant de partir demain vers Mauthausen, c'est-à-dire, pour 80% d'entre eux, vers la chambre à gaz.

Confession

On vient d'emmener cet homme à l'hôpital. Il a été pris sous un éboulement dans un tunnel en voie de percée. les deux jambes broyées, complètement, jusqu'aux genoux, la cuisse droite écrasée, on l'a laissé près de trois heures sous un hangar, à tous les vents, avec deux garrots qui, maintenant sont à peine visibles sous la chair boursouflée. Il est cireux et ses lèvres pâlies laissent passer un tout petit souffle de vie. En notre jargon, nous dirions que le pouls est misérable... Il n'y a rien à faire d'autre qu'à attendre, après lui avoir injecté morphine — rare faveur — et huile camphrée... Schilling est comme ces mouches qui apparaissent, appâtées par la mort[188]. Il est là, cette nuit, et tourne autour du malheureux. Il le regarde, fait la moue, et brusquement me dit : « Fais-lui donc une piqûre ! » Et comme je le regarde sans avoir l'air de comprendre, il me précise sa pensée en faisant, du pouce et de l'index, un geste évocateur au devant de son coeur. Il m'a fallu discuter ; je lui ai démontré que l'homme n'en avait vraiment plus que pour quelques minutes à vivre. Il est parti alors, et s'en est revenu, un quart d'heure après ; le blessé vivait toujours. Il m'a réitéré son injonction ; j'ai refusé, alléguant mon manque d'expérience en pareil cas. Il m'a rétorqué que c'était une occasion unique pour apprendre quelque chose de nouveau. J'ai alors fait appel au serment d'Hippocrate[189]... Il m'a demandé si avec mon beau diplôme j'étais capable de sauver cet homme... Puis il s'est absenté à nouveau, promettant de revenir dans une demi-heure. J'ai fait un peu de sérum intraveineux au patient, je lui ai à nouveau injecté de l'huile camphrée à haute dose ; et, quand le pouls a été à nouveau perceptible, je l'ai fait porter à la salle d'opération. Alors, quand il a été endormi, je lui ai amputé la cuisse gauche... Et puis je lui ai désarticulé la hanche droite... Et puis, il est mort.

Le pendu

Grande effervescence, ce soir, dans le camp. On va pendre en cérémonie un Russe que l'on a repris après une tentative d'évasion. Aussi nous a-t-on tous menés, au pas cadencé, à l'*Appellplatz* qui est couverte de monde. Ainsi, au beau temps jadis, les bons bourgeois menaient-ils leurs fils voir rouer quelque hérétique en place de Grève[190] et les giflaient au bon moment afin de fixer leurs souvenirs. On ne nous a point frappés, de quoi pourrions-nous nous plaindre[191] ? Les prisonniers attendent le spectacle, assis à croupetons, tournés vers les deux sapins soutenant la poutre d'où pend la corde. Des sentinelles nous font face, mitraillette au poing, et l'on voit, au dehors, une troupe casquée et armée, en bon ordre ; on a pensé à tout. Voici un petit cortège, le commandant du camp suivi du médecin-chef, du chef du département politique[192], d'un civil[193] et de quelques sous-officiers. Voici le condamné au visage inexpressif, à la bonne tête ronde, aux pommettes légèrement saillantes ; Karl[194] l'accompagne jusqu'au pied des arbres. On lit la sentence, traduite en différentes langues par les interprètes. Puis on fait monter la vedette sur un escabeau. La corde est trop courte et des hurlements retentissent à l'adresse des imprévoyants. Le chef du camp, Magnus[195], court à une vitesse incroyable et rapporte deux escabeaux qui servent à improviser une espèce de pyramide que le Russe peut escalader tout seul ; il a les mains libres ; il ne dit pas un mot, et se laisse docilement passer la corde au cou. Gams s'écarte en ricanant, et l'escabeau supérieur est brusquement tiré. Le corps tombe, soudain, et se balance légèrement, mais sans aucune souplesse ; puis il se met à tourner sur lui-même, lentement. Le pendu esquisse quelques mouvements des bras, d'arrière en avant, et fait des grimaces. Cela dure quelques minutes... Jobst s'avance vers le corps maintenant inerte et tâte le pouls en regardant sa montre. Près de lui, le commandant regarde aussi sa montre. Allons, tout est dans l'ordre, et l'on pourra inscrire sur le procès-verbal, à une seconde près, l'heure du décès.

Pavane

Il y a de la joie dans l'air. C'est aujourd'hui l'anniversaire d'un puissant seigneur, de notre chef Otto Niedrig[196]. Saluez. Il a droit de vie et de mort sur près de quatre mille personnes. Tous ses amis, des « verts » bien entendu, anciennes connaissances des différentes prisons de la Grande Allemagne, l'entourent et lui ont apporté de charmantes cartes de voeux, peintes avec amour et dont les obscénités font s'esclaffer bruyamment l'assistance. La musique est là aussi[197] et joue le meilleur de son répertoire, à grand renfort de cuivres. Il est tard. Les principaux invités se sont à tour de rôle discrètement éclipsés avec le héros du jour, et reviennent, la lèvre humide et l'oeil brillant. Quant à Otto, il est très convenablement ivre. Il fait nuit maintenant. Les invités se sont massés dans une des chambrées du *Revier* réservée aux infirmiers. Il y a là un accordéon, une guitare, un violon et en avant la musique ! Quelques chansons, puis une valse, puis une autre. Alors le charme du rythme rotatif opère et l'on voit tout à coup le capo du four crématoire, Franz Susok[198], et le capo de la menuiserie, Hans Lorschkarn, se lever et s'empoigner aux hanches. Un, deux, trois, un, deux, trois ! Les talons des bottes frappent le sol gracieusement en cadence. Car tous ces puissants seigneurs portent des bottes (Si j'avais à composer, pour un Noël imaginaire, la panoplie du petit puissant seigneur, j'attacherais avec des faveurs[199], sur un carton, une paire de bottes, une casquette plate, une montre et un mignon[200]). Bientôt, un autre couple évolue sur la piste, le bel Otto lui-même et un non moins beau capo autrichien. Puis, encore un autre couple. Les airs succèdent aux airs, ainsi durant une heure. Les corps se serrent, les joues sont contre les joues. Plus vite, plus vite. Tournoiements de ces corps massifs, dont les pieds énormes martèlent la mesure. L'accordéon mugit, le violon soupire dans le meilleur style, la guitare cliquette. Plus vite, un, deux, trois, un, deux, trois ! La grosse joie teutonique se donne libre cours. Les mignons attendent à la maison.

Le pain des lapins

Il était une fois un Yougoslave, et son âme était simple. Un magistral phlegmon d'une jambe lui avait ouvert les portes du *Revier*. Grand, maigre, efflanqué pour tout dire, il était dans mon service. Il aimait bien les Français, et quand il avait une menue faveur à nous demander, il évoquait gentiment Gallipoli[201] où son père avait connu nos soldats. Puis il chantait quelques phrases de la « Madelon »[202], en notre langue, mais sans en saisir le sens. C'était pour lui un signe d'amitié, un maître-mot qui devait lui ouvrir nos coeurs, et comme ils s'ouvraient volontiers ! Quand ce fut la saison, il alla nous cueillir, à Gilbert et à moi, un petit bouquet de cyclamens odorants... C'était un Yougoslave et son âme était simple. Il était torturé par la faim. Un jour, au hasard de ses promenades dans les allées du *Revier*, il rencontra une cabane confortable. Dans ce logis, une demi-douzaine de magnifiques lapins attendaient de paraître sur la table d'Otto en faisant ripaille de carottes, de pommes de terre et de pain. Il y avait beaucoup de pain, et notre ami avait faim. Alors il s'empara d'un beau morceau de ce pain si rare pour les hommes et le dévora. Mais la justice veillait sous les espèces de Kyril[203], le plus bel ornement, par le poids, du harem d'Otto. Il courut aussitôt, outré d'un tel sacrilège, vers son seigneur et maître et le mit au courant. Plein d'une ire justifiée, celui-ci se mit en chasse, accompagné de Paul Friedl[204] et de Gustave, le portier du *Revier*, un bon serviteur,celui-là. Ils s'assurèrent de la personne du délinquant et s'enfermèrent avec lui dans les lavabos de notre baraque. Pendant une demi-heure, nous entendîmes des cris mêlés des hurlements des justiciers. C'était un Yougoslave... et nul n'a jamais su ce qu'il était advenu.

Rumeurs nocturnes

La nuit. Je suis sorti de ma baraque pour humer l'air vif. Nuit claire, mais il ne règne pas ce silence des nuits que nous avons connues autrefois. J'écoute la rumeur proche, obsédante, celle que précisément nous n'entendons pas dans la journée. Le travail continue jour et nuit ; derrière le bloc, au niveau des entrées des différents tunnels, le ciel est tout illuminé par les lampes à arc, et les petites chaînes de lumières que l'on voit à flanc de colline marquent la limite de la zone surveillée. Il y a tout d'abord un fond sonore formé par le bruit continu des machines que l'on n'identifie pas bien, qui ronronnent et tournent sans arrêt, qui crissent par instants. Sur cette trame, viennent s'inscrire les sifflements des petites locomotives qui charrient les déblais, les glissements de pierres et de terre que l'on déverse en bas du remblai, des halètements. L'ensemble constitue quelque chose d'inhumain, quelque chose de fatal qui écrase et inquiète, précisément par sa continuité. De temps en temps, un petit son de trompette annonce le départ d'une mine : on attend, tendu, quelques instants, puis c'est l'explosion sourde qui se développe en volume, avec un déplacement d'air qui fait trembler les constructions légères du camp, qui fait vibrer les vitres, et des grondements qui se répercutent dans la vallée, longuement. Puis on entend trois petits coups de trompette, c'est fini. Attendons encore une demi-heure ; peut-être un cortège sinistre est-il déjà en marche vers l'hôpital, formé de quatre fantômes flottant dans leurs habits minces, rayés, rafistolés de fil électrique, farcis de morceaux de papier pour émousser la morsure du froid, traînant leurs pauvres pieds gonflés et gourds, presque à découvert dans des souliers de toile et à semelle de bois, dont il ne reste que quelques lambeaux... Ces fantômes, cariatides[205] chancelantes et harassées, transportent sur une civière de fortune quelques débris humains, ou un blessé pâle, aux membres difformes, broyés... Alors, il faudra réveiller les infirmiers, faire bouillir les instruments, et essayer de rafistoler cette chair dont la vie s'enfuit.

Au chevet

J'ignore tout de toi, ton nom, ta ville, ton Dieu, ton métier. Tout à l'heure, penché sur tes entrailles comme un haruspice[206], je supputais tes chances de vie. Tu reposes maintenant, assommé par l'anesthésie, et je sens, sous les pulpes de mes doigts, ta vie qui s'écoule au rythme de ton cœur. Car ta vie, je te l'ai donnée. Qu'en feras-tu ? Seras-tu un frère pour les autres hommes, ou un bourreau ? Serai-je béni ou maudit de t'avoir permis de reprendre le cours de ton existence ? Pourquoi ces questions de vie normale... ? Tu n'es pas maître de toi-même et d'ici quelque temps sans doute aucun, la faim, le froid ou la fatigue t'épargneront, à toi, le choix du chemin à suivre, et réduiront singulièrement, dans le temps, les conséquences de mon acte...

La coquille

À Jacques LEJEAL

Le soir, souvent, la nuit tombée, je rôde dans mon service, de salle en salle, je viens revoir un malade, écouter la respiration d'un opéré du jour, surveiller un pansement, un pouls. Souvent je reste un peu pour bavarder avec un camarade : conversation de camp où tous les verbes sont à l'imparfait ou au futur, car le présent, il vaut mieux n'en pas parler. Dans l'atmosphère un peu lourde, dans la pénombre des veilleuses, dans l'odeur suffocante qui vient de la salle 4, la salle des phlegmons, c'est l'échange de mots lents entrecoupés de silences, marqués par des reprises brusques, comme si l'on ouvrait tout à coup de petites portes, dans nos souvenirs... Et puis, ces soirs-là, je viens aussi voir mon ami Jacques. Il est veilleur de nuit et dort dans la journée. Dès qu'il m'aperçoit, dans une salle, il arrive du coin où il donnait quelque soin, et je vois sa silhouette solide, et bientôt, son franc visage ; nous passons ainsi une demi-heure, une heure ensemble, à chaque instant séparés par un appel, un gémissement... Mais j'aime ces rencontres dans l'ombre, qui me délassent. Je l'écoute parler ; il me raconte sa vie, vie de lycéen encore toute proche, avec les menus incidents des examens, des compositions[207] et du bachot[208], et cela me replace moi-même aux temps — quinze ans déjà ! — où les préoccupations majeures étaient la connaissance de la question d'Orient ou des colonies néerlandaises... Ou bien il me raconte ses vacances, ses échappées vers la campagne de Lorraine, son pays ; et c'est toujours tout un tableau de rivières courantes et vives, de rires frais, de boucles brunes et de robes à fleurettes qui apparaît... Et les souvenirs montent à l'assaut. Mélancolie ? Mais non, ce présent imaginaire vaut autrement mieux que le réel ; ce sont les souvenirs qui ont été les garde-fous qui nous ont préservés du désespoir. Il faudrait traverser cette vie actuelle enclos dans une coquille de souvenirs... Mais qu'elle est fragile !

Musique

Peut-on vivre sans musique ? On ne peut appeler musique cette cacophonie bruyante, qu'en fin d'année, nous eûmes l'occasion d'entendre sous l'égide de Karl le noyeur[209]. Non, mais il y a d'autres occasions. Il y a les chants russes, que l'on peut parfois goûter, avec l'harmonie de leurs voix, l'assortiment inné des timbres, le retour attendu des mélodies dont la mélopée vous enchante, au sens propre du mot. Il me souvient d'un soir, le soir de l'arrivée ici de Gilbert, où j'étais allé écouter des chants dans un bloc ; les trois chanteurs étaient de jeunes Russes qui, dans la journée, déchargeaient du charbon ; ils étaient encore tout noirs et je n'oublierai pas ce visage maculé de noir, où les yeux s'inscrivaient en clair, et ces mains noires qui tiraient de la guitare des accords sonores. Il y a le vieux professeur de violon hongrois que l'on peut entendre au bloc 19 et qui, certains soirs, quand il peut trouver un instrument, vient faire revivre, pour un morceau de pain, Albéniz ou de Falla[210], escamotant sous le galop du rythme les imperfections de la caisse de résonance. Il y eut, surtout, un jour que j'étais à la cantine, une phrase musicale entendue dans la pièce voisine où Zadavil réparait les postes des *SS*, phrase de la « Petite musique du Soir »[211]... Un seul motif, il dura à peine deux minutes... Mais je m'en fus bien vite sur la route qui menait au *Revier*, afin de retrouver, dans la solitude, le reste du morceau ; et pendant près d'une heure, je vécus ce jour-là dans l'atmosphère de ces soirées de musique que j'avais connues chez l'ami Jean-Pierre.

Dans les blocs

Quelquefois, c'est rare, je m'en vais dans le camp, à la recherche des petites colonies de Français éparses dans les différents blocs. Je n'aime pas beaucoup celle du bloc 1, trop bruyante, trop installée dans ses privilèges et trop bien nourrie, trop méprisante aussi pour les camarades qui ont refusé de faire les domestiques pour une assiettée de soupe supplémentaire. Je préfère celles des blocs 8, 19, 20 et 29. J'y vais retrouver des camarades. On s'assied sur le bord d'un grabat ; ils viennent aussitôt s'agglutiner autour du petit groupe initial, heureux de se sentir les coudes, tous les humbles, tous ceux qui sont soumis à la dure règle quotidienne. Ils viennent et les maigres visages, si maigres de jour en jour, se tendent de curiosité avide : « Tu as des nouvelles ? » Il y a toujours des nouvelles... Et, toujours, elles se révèlent véridiques, mais c'est en général quelques semaines après... Soirs des blocs, bouffées de souvenirs qui reviennent, détails de vie qui surgissent, anniversaires lointains... Ce soir, mon gamin a neuf ans ; il y a deux ans, à la même date, ma grande a fait sa première communion... On les connaît bien à la longue, tous ceux dont on se sent si près. Il semble que tous les passés soient mis en commun, pour constituer une arche solide qui nous permettra à tous de franchir le présent.

Les malins

Ils veulent vivre. Qui pourrait le leur reprocher ? Ils ne tuent ni ne volent. L'échine souple, le coeur sec, et le tour est joué. Tu parleras toujours poliment aux capos et autorités diverses. Tu claqueras les talons devant les *SS*. Tu répondras « *Jawohl* ! »[212] d'une voix forte. Tu suivras avec attention les menus faits et gestes des puissants seigneurs, tu sauras la date de leurs anniversaires pour aller leur présenter respectueusement une carte de voeux, tu apprendras à jouer au jacquet si c'est le jeu favori du secrétaire en chef. Si un capo influent est admis à l'hôpital, tu iras toi-même t'informer de sa santé, l'air compatissant. Si tu as reçu un colis, tu sauras faire des présents bien placés, c'est-à-dire aux hommes influents, quelle que soit leur nationalité, et tu auras le courage de n'en pas donner à un compatriote affamé. Tu vendras tes services aux faibles. Tu achèteras ceux des puissants. Tu ne perdras pas ton temps à de vains efforts pour conquérir les bonnes grâces de quelques rares imbéciles qui donnent gratuitement leurs services, comme ces deux ahuris de médecins. Si tu formes une popote, tu choisiras avec soin tes convives : pas de miséreux ni d'affamés. Il y a de multiples occasions ; il suffit de se baisser pour saisir. Oui, mais voilà, il faut se baisser. Ainsi vivras-tu le mieux qu'il est possible en ces lieux où il n'y a pas de vie pour tout le monde, heureux, le teint frais, et la conscience tranquille à ton égard. Toi, au moins, tu as eu l'intelligence de comprendre la loi du camp.

Les apôtres

C'est comme un torrent qui ne laisse, de ses rives, que les matériaux les plus solides ; ainsi est la nouvelle morale, celle des camps, qui entraîne dans son horrible sillage tous ceux dont le caractère, la culture, la civilisation ne sont pas affermis. Aussi les voyons-nous émerger nettement, ceux qui ne veulent pas se plier à la loi, qui ne veulent pas sacrifier à l'égoïsme. Et quand le torrent les emporte, eux, c'est qu'ils sont morts. Des apôtres, il y en eut. Il y en eut, des hommes qui pratiquèrent l'entraide, qui partagèrent leur nourriture avec ceux qui avaient faim. Les citer tous ? À quoi bon ; ils ont, je le suppose, trouvé leur récompense dans leurs actes mêmes, les Petit Louis, les Jacques, les Gilbert, les Père Henri... Mais il y eut aussi le docteur Quenouille[213]. Il fut le premier médecin du camp, quand on le construisit en novembre 1943. Il fut le fondateur de l'hôpital, et si nous eûmes l'autorisation de faire un peu de médecine, c'est à lui que nous le devons, car il avait marqué de son esprit jusqu'aux *SS* eux-mêmes. Grand, fort, il allait de son allure tranquille, le visage toujours serein, l'oeil curieux, toujours absolument digne, refusant avec mépris les bases besognes, comme d'achever les mourant, imposant à des infirmiers insouciants une discipline de travail, arrivant à faire, souvent, passer l'intérêt des malades avant tout. Tout le monde l'adorait, et les seuls qui osèrent l'attaquer, après son départ, furent quelques trafiquants de marché noir qui le traitaient d'imbécile parce qu'il donnait ses soins sans les vendre, ainsi que cela se pratiqua si souvent dans les infirmeries des camps de concentration. C'était un médecin consciencieux, habile, expérimenté et cette science, jamais en défaut, n'avait pas peu contribué à le faire respecter de nos bourreaux. C'est lui qui m'aidait à opérer, dans les débuts, s'imposant cette fatigue supplémentaire pour le bien du patient, car nous manquions de personnel qualifié. Il nous quitta le 16 juillet 1944. Nous eûmes très peur en le voyant rappelé à Mauthausen, car son affaire était grave[214]. Mais nous apprîmes plus tard qu'il était parti dans un camp des environs de Hambourg, à Neuengamme[215]. Il ne devait jamais rentrer en France. Évacué de son camp par bateau, il périt avec celui-ci[216]. Mais nous nous rappellerons toujours son départ d'Ebensee, dans le petit matin : nous étions une dizaine autour du camion, et il nous donna à chacun l'accolade.

Les Espagnols[217]

Depuis quatre ans, ils sont au camp de Mauthausen. Alors n'est-ce pas il faut les juger à travers ce fait. Et s'ils ont vécu jusqu'à aujourd'hui, c'est qu'ils se sont adaptés. Ils forment d'ailleurs, parmi les diverses nationalités, la colonie la plus solidaire, la plus cohérente, et leur force vient en partie de là. Tous bien nourris, solides, râblés, jeunes pour la plupart, ils ont quitté la maison familiale à 16 ou 18 ans, pour la guerre d'Espagne[218], et, de la vie, ils ne connaissent que le front, la guerre civile, les prisons, les camps de concentration de France[219] ou d'Allemagne. leur optique est donc différente de la nôtre. Ils ne donnent pas facilement leur amitié. Mais quand ils l'accordent, on en sent bientôt tout le prix. Je vais parfois les voir, dans un des blocs qu'ils fréquentent le plus, où ils aiment à se réunir après l'appel. Ce soir, ils sont 7 à 8, dans la pénombre de la petite chambre du chef de bloc, perchés sur des caisses, allongés sur la couchette, mes amis Journet, Miguel, Malaga, Martinès, sans oublier Sabotero. Ils parlent par bouffées, le plus souvent silencieux, en hommes qui vivent depuis si longtemps en commun qu'ils n'ont plus grand-chose à se dire. L'un gratte distraitement une guitare. Ils sont, avec ceux qu'ils ont choisis, d'une générosité surprenante et quand ils veulent faire plaisir, ils déploient une gentillesse légère qui n'est jamais en défaut. Voici des chants, ébauchés à voix basse, dont le motif est lancé tout d'un coup à pleine voix, et le refrain repris en choeur. Voici des danses, des tangos. Mais nous sommes loin de la lourdeur équivoque des Allemands. Tout, ici, est cadence et souplesse. Ils dansent à deux, à distance l'un de l'autre, le visage subitement fermé, presque religieusement, en parfaite harmonie de gestes. À les fréquenter, on se sent transporté bien loin. Ils ont, eux, les survivants, su garder leur fierté, leur dignité ; ils ne tuent point, ils ne dénoncent pas. Mais tout cela, ils l'ont payé. Car sur les 14 000 Espagnols que les Allemands envoyèrent à Mauthausen, il n'en reste pas 3000 après quatre ans pour raconter ce qu'ils ont enduré[220].

Les réalistes

Les Français sont incompréhensibles ! Nous sommes deux Français dans la chambre des médecins. Finis les colis venant de France, et depuis longtemps ! Et par ailleurs, nous avons toujours marqué pour les choses touchant à la nourriture un dédain, un manque d'esprit d'initiative qui étonnent un peu nos compagnons. Aussi, en face de nous, une coalition est-elle née. Elle est solide car elle a des bases alimentaires. Elle comprend deux médecins russes, un médecin tchèque, et un pharmacien polonais. Polonais et Tchèques reçoivent régulièrement au moins deux paquets par semaine. Quant aux Russes, ils ont de nombreux camarades aux cuisines et la solidarité joue, parfois, chez eux. Combien de Français travaillant aux cuisines nous ont donné quelque chose ? Alors, c'est, chaque jour, après l'appel, grande cuisine dans notre chambre. Petits pâtés, galettes, ragoûts, fricassées diverses emplissent l'espace exigu de fumets odorants qui allument en nos estomacs des fringales jamais contentées. Souvent ces séances gastronomiques durent jusqu'à minuit, mais que pouvons-nous faire ? Aller nous plaindre au capo, ou aux *SS* ? Non, car notre sens français s'en estimerait déshonoré. Il nous faut subir cela, éviter les incidents qui, fatalement, retomberont sur nos compatriotes malades... Aussi, l'estomac à moitié rempli de pain noir et de margarine, avec, parfois, quel festin !, un peu d'oignon cru, nous regardons nos bons amis bâfrer, en faisant des vers.

Le devoir

Au docteur Gilbert Dreyfus
qui pour moi,
et beaucoup d'autres,
sera désormais « Gilbert ».

Le lendemain de mon arrivée à Ebensee, le sergent *SS* de l'infirmerie d'alors, Deutschmann[221], à la suite d'une complaisance que j'avais eue envers un compatriote, à la visite, me dit : « Je te montrerai à coups de bâtons ce qu'est le vrai devoir du médecin de camp de concentration. » Le devoir ? Nous en avons tous une conception assez dissemblable. Il y a, au *Revier*, la conception française, telle que Quenouille la pratiquait, telle que Gilbert l'a comprise et que j'ai adoptée, à sa suite. Elle consiste, d'une part, à essayer de tirer d'affaire le plus grand nombre de vies humaines possibles, et, d'autre part, à envoyer au travail le plus petit nombre de travailleurs, afin de tenter, dans la faible mesure de nos moyens, de saboter la machine de guerre allemande. Mais cette conception ne fait pas beaucoup d'adeptes, et pour nous, c'est un étonnement pour ne pas dire davantage, de voir avec quelle facilité des infirmiers vont chercher le capo voire le *SS* de service pour leur signaler un manquement à la discipline d'un camarade ou d'un malade, fût-il de la même nationalité qu'eux. C'est aussi un étonnement de voir des médecins se plier avec autant de complaisance devant les édits inhumains, accepter, pour une soupe supplémentaire, de renvoyer au travail des malheureux qui ne tiennent pas debout ! Seulement, il semble qu'il y ait là une passivité atavique devant l'autorité en place. C'est l'autorité qui détient la puissance, les places intéressantes, le droit de justice, alors inclinons-nous, que pouvons-nous faire ? À la lumière de cette passivité, on arrive à comprendre bien des choses...

Docteur Weiss

C'était un médecin d'un bourg quelconque, en Hongrie. Un jour d'avril 1944, la police allemande le ramassa, avec de nombreux compatriotes, et l'envoya au camp, à Mauthausen. Puis, de là, à Ebensee. Il fut pris comme médecin à l'infirmerie et nous le vîmes arriver, tout sourires, l'échine souple, la démarche sautillante. Il fut affecté à la consultation, quand nous nous en occupions encore, Gilbert et moi. Il se fit bien vite remarquer par son zèle. Les *SS* pouvaient être tranquilles. Avec lui, seuls les hommes à bout de souffle avaient droit à un peu de repos. Et quand il trouvait un simulateur, ou un homme qu'il prenait pour tel, aussitôt il présentait le cas à Schilling[222]. Bientôt, il changea de ton, il fut de plus en plus arrogant devant nos conseils de pitié, et se mit à frapper ceux qui insistaient pour être admis à l'hôpital. Alors, charmés par de si belles dispositions, nos maîtres nommèrent le docteur Weiss chef de la consultation et nous en fûmes écartés. Maintenant, quel joli spectacle, la consultation ! Le « chef » hurlant, cognant sur des malheureux, envoyant à la mort des dizaines de malades, dénonçant les mauvaises volontés ; il officie désormais sous l'oeil bienveillant de Schilling qui peut rester vautré dans son coin. Il a trouvé une doublure. Et le soir, à l'appel, devant le bloc des Juifs où s'alignent ceux qui, trop nombreux, ne peuvent trouver place sur les lits surchargés, et qu'il faut compter à part, on peut voir le docteur Weiss, la trique en main, aligner vigoureusement ses ouailles... Le jour de la libération[223], Royer et moi, nous avons chassé du *Revier* le docteur Weiss. À coups de pied dans le derrière. Il s'est jeté à nos genoux, évoquant sa femme et ses petits enfants. Et nous avons été si surpris de ces beaux sentiments que nous ne trouvions plus rien à lui dire.

La balance

Ils ont vécu des heures atroces, ensemble, traqués, parqués comme du bétail voué à la mort. Ils ont connu, de compagnie, le froid, la faim, les coups. Les « transports », les wagons à bestiaux où l'on est entassé des semaines entières, la balle dans la tête pour les traînards. Ils ont été dépouillés de tout ; ils ne savent rien des leurs et la plupart de leurs compagnons de captivité sont morts. Trois d'entre eux sont là, au bloc 8, et la distribution du pain bat son plein. On donne un pain pour trois, qu'il faut partager. Le plus âgé s'en empare, serré de près par les deux autres. Il coupe cette masse noirâtre, presque immangeable et poisseuse, de son couteau, après avoir pris des mesures précises. À présent, il faut attribuer les parts. Silence initial. Les adversaires s'observent. Puis, épisode badin : chacun prend un air détaché, un ton soumis, qui doit probablement inspirer confiance. Puis les arguments. Dépréciation du morceau que l'on convoite. Éloge dithyrambique des autres. Enfin, la discussion, la vraie, toutes mains dehors. Les consonnes se précipitent en bataillons serrés à la recherche des voyelles. Les yeux luisent, les bouches se tordent ; va-t-on en venir aux mains ? Non, non ; le vieux apaise la tempête et d'un air entendu, il sort de son giron... une petite balance. Une belle petite balance, avec son fléau en bois sculpté avec amour, ses attaques en fil électrique habillé de rouge, une fiche en bois à chaque extrémité, remplaçant les plateaux. Les yeux deviennent attentifs. Essai de l'instrument, réglage, méthode des doubles pesées. Toujours la science... Et l'on compare les morceaux, rajoutant ça et là une miette pour faire l'appoint. Et tout le monde se comprend ainsi, tout le monde est d'accord. Langage de camarades ? Vous ne le comprenez pas ? Alors, allez l'apprendre au Pays de la Faim.

Le délire

« Qui veut la fin, veut les moyens ! » Exemple : cet Italien, depuis deux jours dans le service de médecine. Il a une pneumonie et, ce soir, une fièvre très élevée. Il délire. Il fait du « scandale », s'agite, menace de tout casser. Il a donné un coup de pied à Gilbert qui voulait lui administrer un calmant, il a frappé l'infirmier, et à présent il pousse des cris qui s'entendent très loin dans le camp. Les *SS* ont fait savoir qu'il fallait calmer à tout prix ce furieux qui empêchait les autres de se reposer. Gilbert a refait une tentative et réussi, cette fois-ci, à faire une piqûre. Mais sans aucun résultat. Notre pharmacie est pauvre en calmants. Alors Otto[224] est venu, furieux d'avoir été réveillé. Il s'est fait expliquer le cas. Puis, de sa poigne irrésistible, il a saisi le patient et l'a emmené au *Waschraum*[225]. Et là, posément, lentement, il a saisi son cou entre ses mains, et il a serré tandis que le chef de bloc tenait les jambes. Il a serré. Et le calme règne à nouveau.

L'archevêque et les deux voleurs (fable)

Il était une fois un vieillard fort respectable et tout à fait vénérable, qui s'appelait Mis. Il exerçait, autrefois, les fonctions d'archevêque dans une ville lointaine. Un jour, dans le bloc des convalescents, où il était caché aux regards indiscrets des *SS* par le zèle de ses anciennes ouailles, il constata en se réveillant qu'on lui avait dérobé un morceau de pain qu'il avait caché, la veille, dans sa paillasse afin de calmer quelque fringale matinale. Dans le but de faire triompher l'esprit de justice, dont les manifestations sont, par leur éclat, plus propres à frapper l'esprit du populaire que celles de l'esprit de charité, il fit part de sa mésaventure au chef de bloc, son compatriote Franz. Lui-même en référa au chef des blocs de convalescence, Oswald. Les soupçons collectifs se portèrent aussitôt sur les deux camarades qui occupaient de compagnie la paillasse située au-dessous de celle de l'archevêque qui, lui, couchait seul. Tout les désignait à la justice vengeresse : leur maigreur, leur air affamé, leur faiblesse, leur nationalité — un Italien[226] et un Russe. Alors, on commença par leur administrer une bonne raclée : 25 coups sur les fesses. Puis on les lia l'un à l'autre et, dans cet appareil incommode, on les traîna de salle en salle pour que l'exemple serve aux autres, en leur donnant chaque fois une petite distribution supplémentaire. Enfin, on les ramena dans leur chambrée et là, on les suspendit par les poignets pour plusieurs heures. J'étais justement dans le bloc et je regardais avec une certaine curiosité le bon archevêque. Il souriait, tout content de voir les grands principes triompher, et il dut sans doute remercier le Seigneur, son Seigneur que j'imagine vraiment tout-puissant, juste et sévère. Un dieu polonais, en somme ; et il devait demander sa bénédiction pour Franz et Oswald, ces bons serviteurs de la justice... et des *SS*.

Plaidoyer pour l'assassin[227]

« Pitié ! Pitié ? Pitié pourquoi, de quoi, pour qui ? D'abord, qu'est-ce que cela veut dire : pitié ? Je ne sais plus. Il y a dix ans que je suis enfermé. Dix ans. Pitié ? C'est un vague écho lointain, si lointain que je ne distingue plus très bien. D'abord, la prison préventive, puis le jugement, la condamnation, le *Zuchthaus*, la Centrale, avec ses cellules de silence, ses châtiments corporels terribles, pour un oui, pour un nom, ses machines-outils où nous étions presque enchaînés au travail. Et puis le camp. Buchenwald[228]. En 1939. Tu sais ce que c'était Buchenwald, en 1939 ? C'était la mort, et tout de suite, pour la plupart d'entre nous. Pitié ?

Pourquoi crois-tu donc que l'on m'a laissé vivre ? Car je veux vivre. Je veux sauver « ma » peau. Que peux-tu faire pour moi, toi, misérable ? Peux-tu m'aider à mieux vivre ? As-tu des colis de la maison, avec ces nourritures bénies qui nous changent de toutes ces ordures ? Pourras-tu prendre ma défense, à moi, devant le *SS* ? Tu ne peux rien, et lui, il peut tout. Tu n'es même pas jeune, pas même beau. Pitié ? Toi-même, as-tu pitié de moi ? »

La flamme[229]

C'est l'heure de recharger le four. Dans le hall, un grondement continu, mugissant, domine le bruit des voix. La porte est ouverte, le bruit devient gigantesque, une immense lueur jaillit. Une flamme, s'élançant du foyer, tout derrière, arrive jusqu'à l'ouverture. Elle s'incurve avant de l'atteindre, flamboyante écharpe, et s'engage, à droite, dans l'entrée de la cheminée. Quelques débris calcinés reposent sur le sol à claire-voie du four crématoire et un aide les brise à grands coups de tringles de fer. Ils se couvrent un instant de petites flammèches, puis disparaissent entre les fentes. On apporte les cadavres, tenus par les pieds et par les mains ; on les pose sur une espèce de civière à très longs mancherons, qui s'appuie sur des galets situés sur le seuil de la bouche. Un, puis un deuxième, que l'on dépose côte à côte. Cela ne suffit pas, car le rythme de la mortalité est tel en ce moment qu'il faut bien faire de grandes fournées. Alors, on en met deux autres par-dessus. La flamme semble encore plus furieuse, plus dévorante, comme avivée par ces corps qu'elle est chargée de faire disparaître. Le chargement n'est pas encore complet. On en ajoute deux encore, mais l'opération est plus difficile. Alors les aides saisissent de grandes barres de fer et poussent et frappent ce qu'ils peuvent atteindre. Ernst, le chef de bloc des contagieux, se met de la partie ; il vint souvent ici, en curieux, et donne volontiers un coup de main ; il semble y éprouver une vraie jouissance. Enfin, tout est entré. Les hommes, ceux qui sont encore vivants, s'essuient le front, la porte refermée, et ont cet air triomphant et rassuré des soirs de victoire.

Franz Krema[230]

On appelle ainsi Franz Susok, le capo du four crématoire. C'est un « vert ». Un homme de 40 ans, hilare, et qui se pense très élégant. Il a dirigé pendant quatre ans le four, ou plutôt les fours crématoires de Mauthausen, puis on l'a envoyé ici pour mettre en marche le nôtre[229] et former une équipe. Quand il est arrivé, le commandant du camp lui a dit : « Tu peux te laisser pousser les cheveux, tu peux t'habiller comme tu l'entends, manger et boire à ta guise, mais tu ne sortiras pas vivant d'ici. » Sa prédiction s'est réalisée. Il m'a pris un moment en amitié. Il m'invitait souvent à boire dans sa chambre, située tout à côté du hall de crémation. Il versait de pleines rasades de schnaps, et je m'empressais de vider mon verre sous la table ; mais quand il était bien ivre, sa langue se déliait, et il me contait sa vie ; ce n'était pas encore ce que j'attendais, et je l'aiguillais tout doucement sur le chapitre des souvenirs des débuts de Mauthausen, dont il était un témoin, et quel témoin ! Alors défilaient les jours sombres, toutes les tragédies ; les meurtres collectifs qui avaient chacun son nom : les 800 Juifs hollandais[232], les 2000 prêtres polonais[233], les prisonniers de guerre russes[234]. Il me contait en détail les séances de la chambre à gaz, où le commandant de Mauthausen lui-même[235] présidait à la mort collective de 250 personnes en quelques minutes[236] ; le spectacle de cette salle où le personnel du four, poussant ses petits chariots, devait pénétrer presque aussitôt après l'envoi des gaz, dans une atmosphère que les ventilateurs n'avaient pas encore débarrassée des vapeurs meurtrières ; un grand nombre d'hommes et lui-même furent intoxiqués ; et c'étaient, dans un langage pâteux d'homme saoul, des scènes violentes et inoubliables[237]. C'était un témoin. Le soir où les *SS* abandonnèrent le camp, on retrouva Franz Krema mort près des barbelés, une balle dans la tête.

Les collapsus[238]

Ils sont de plus en plus nombreux. Et ce beau mot latin, qu'est-ce donc d'autre que le masque de notre ignorance et de notre impuissance ? Ils meurent subitement, en plein travail, ou bien la nuit, sur leur paillasse, et le matin, on nous apporte leurs corps légers. Ils s'alignent derrière notre bloc, nus, et un spécialiste passe son temps à inscrire au crayon-encre leur matricule sur leur poitrine. Dix par jour, puis quinze, puis vingt... Le médecin *SS* s'est ému[239]. Il nous a réunis pour dresser un plan de campagne ; dérision ! Pouvons-nous dire qu'il suffirait de faire arrêter le travail, de donner une nourriture suffisante, de chauffer les baraques, pour enrayer le mal ? Ou qu'il suffirait peut-être d'accorder davantage de jours de repos, à la consultation du matin ? Non, il faut que le moteur tourne sans essence, sans huile, avec de l'eau et de l'air. La tribu des salutants[240] s'est lancée dans de longs discours. On a vu le docteur Tesse très affairé, bondissant de son « laboratoire » à la salle d'examen. On a exploré ces malheureux de toutes façons. On a fait à ces presque cadavres des examens de sang, des ponctions lombaires, des analyses de toutes sortes ; on leur injecté du sérum, des tonicardiaques ; et quand, par hasard, l'un d'entre eux sort du coma, qu'on le voit de nouveau marcher, vite on le renvoie au travail... Gilbert essaie courageusement de faire entendre la voix de la raison ; en pure perte. Il y en a maintenant trente par jours, bientôt quarante ; alors le fait est admis, et puis le médecin-chef a maintenant deux ravissants petits chiens. Alors... attendons qu'il y en ait cinquante et que tout le camp y passe.

Squelette

Squelette, squelette, où vas-tu, que fais-tu[241]? Tu déambules, clopinant, ridicule, oscillant d'une jambe sur l'autre, te cambrant pour remplacer l'action de tes muscles disparus, cherchant à chaque instant à rattraper ton équilibre, les bras tendus en balancier, ou cherchant un appui, tête ballante, sexe ballant. Tu ne peux t'appuyer sur ton pied droit déformé par l'oedème, et tu ne le peux davantage sur ton pied gauche qu'orne un flamboyant phlegmon. Squelette, squelette, où vas-tu ? Tu es nu. Tu crois bien, en entrant ici[242], toucher au port, au repos ; mais le capo est encore derrière toi à te houspiller, « *schnell, schnell* !»[243] et te rudoie. Un rictus déforme tes traits ; tes yeux grands ouverts, étonnamment béants, ont des pupilles démesurées. À quoi penses-tu ? Tu penses à ta femme dodue, à sa robe de toile empesée et brodée, à tes enfants aux cheveux de lin... Allons, avance encore un peu. Tu songes à ta noce bruyante, aux violons et aux accordéons, au cortège joyeux dans les champs de blé. Tu tombes ; relève-toi, et plus vite que cela ! Tu revois les filles aux longues nattes, et entends leurs rires, le soir, dans les granges. Debout, allons ; tiens, voilà le capo qui lève son bâton. Tu penses à la nuit qui suivit, au lit où l'on s'enfonce et où l'on est si bien, si bien pour dormir... Tiens, tu souris ? Tiens, tu es mort ?

Douches au bloc 23

Bloc 23, bloc d'extermination. Tous ceux qui ne peuvent plus travailler y aboutissent. Par les grands froids, on enlève les fenêtres la nuit car il faut bien que les malades aient de l'air. C'est de l'hygiène élémentaire. Et c'est une mesure hygiénique aussi d'envoyer les malades à la douche deux fois par semaine. Ils ne semblent pas apprécier cette faveur à son juste prix. Évidemment, cela se passe nuitamment. Et ces nuits-là, on ne dort guère. Les malades vont, nus, de leur bloc au bâtiment des douches.

Ils passent sous nos fenêtres, et leur venue s'annonce de loin. Derrière nos volets clos, c'est d'abord un piétinement de pieds nus ; quelques vociférations rauques des aides d'Helmuth[244], le maître des cérémonies ; aides que nous connaissons bien, car ils viennent chercher à la consultation leurs patients : deux très jeunes Polonais, aux yeux toujours cernés, au teint chlorotique[245], un Russe et un charmant coiffeur Italien aux yeux de velours. Puis des coups s'entendent qui résonnent sec sur les peaux nues. Des hommes tombent à terre, à quelques mètres de nous, derrière la cloison. On les entend gémir sourdement, pleurer, se plaindre, supplier dans toutes les langues d'Europe. Enfin c'est un râle. Les petits aides ont à présent une technique bien au point, pour l'étranglement, quand le coup de bâton n'est pas suffisant. Une demi-heure après, c'est le retour des malades vers le bloc 23. Ils sont encore tout mouillés de leur douche chaude — car l'eau est chaude, si dehors il neige ; on a toutes les attentions ! Et la même cérémonie se déroule au retour. Enfin, les aides reviennent avec des brancards pour rechercher les morts. Il y en a, en moyenne, une vingtaine à chaque séance. On ne chôme pas au bloc 23. Sur un effectif de quatre cents environ, il en meurt, en mars, soixante par jour...

Le transport

Mille huit cents Juifs arrivent aujourd'hui[246] dans notre camp, évacués de Gross-Rosen[247], devant l'avance russe. Ils ont été précédés par deux bennes qui sont venues déverser devant la porte du *Revier* une centaine de cadavres. Le voyage a duré près de trois semaines. La longue colonne est là ; ils ont l'air harassés. On les entasse dans un espace découvert qui est situé entre le bloc des contagieux et le four crématoire. Ils y resteront jusqu'au lendemain. On les voit se jeter à terre et manger la neige, comme cela, à même le sol, tellement ils sont torturés par la soif. Mais on ne leur donnera ni à manger ni à boire, et la neige tombe dru, cette nuit-là. Le lendemain, je vais les voir. Ils ont déjà évacué l'endroit où ils ont passé la nuit, se dirigeant vers les douches. Il y a plus de deux cents corps étendus, à moitié recouverts de neige. On dirait un tableau de Meissonier[248] de la bataille d'Eylau[249] ou de la campagne de Russie. Pourtant, ils ne sont pas tous morts, car quelque chose bouge, là-bas. Allons voir : près d'un entassement de corps, il y a, adossé à une souche d'arbre, un vieillard dont la tête est couverte d'un fichu. Il respire à peine. Près de lui, à plat ventre, un autre essaie de ramper, la main tendue vers un cadavre voisin. Je m'aperçois alors que celui qui essaie d'atteindre le mort a enlevé ses souliers et ce qu'il cherche, lui mourant, c'est à atteindre les pieds du voisin qui est, ou mieux, qui était magnifiquement chaussé de neuf.

Curiosité

Tous les matins, après l'appel, avant d'aller passer la visite dans les salles, j'entrouvre la porte de la salle des pansements. Et je compte : sept, dix. C'est là qu'on met les morts de la nuit, en attendant que les porteurs viennent les chercher. Empilés les uns sur les autres dans cet espace réduit, jambes allongées, bras repliés, bouches ouvertes. J'essaie de les reconnaître. Mais ils n'ont déjà plus rien d'humain, si maigres, si translucides pourrait-on dire. Comme vidés de toute substance, creusés, secs. Peu ont le visage reposé classique de la mort, je veux dire de la bonne mort bourgeoise, dans un lit. Beaucoup grimacent, sont angoissés. Quelle peine, quel doute, les a saisis au dernier moment ? Je lis les matricules sur les maigres thorax, et quand je vois un « F », mon coeur se serre. Je voudrais faire quelque chose pour eux. Prier ? Mais toute prière refuse de sortir. Tout ceci est hors programme ; ce n'était pas prévu... Alors je pense à tous les camarades que j'ai vus ainsi, à tous ceux que je verrai les jours suivants... Et le lendemain, je reviendrai ; je recommencerai à compter et à chercher... quoi ?

Les mangeurs de choses immondes

La faim règne sur le camp. Implacable. Depuis deux semaines, on partage les pains en six, puis en neuf ; et la soupe, depuis longtemps, n'est plus que de l'eau claire... Les yeux deviennent durs, sournois. La police du camp a été décuplée : deux cents droits communs allemands parcourent les allées de jour et de nuit, matraque en main ; eux, ils ont une nourriture spéciale. Hier, on a assassiné un de nos compatriotes pour lui prendre sa maigre tartine de pain. Les hommes commencent à manger n'importe quoi. Ce furent d'abord des bouts de cuir. Puis ils ont dévoré de l'argile, pourquoi ? Peut-être parce que cela a l'air gras[250]. Actuellement, ils mangent de la houille : on leur a tellement raconté que la margarine était tirée du charbon[251] ; et il en est mort quelques-uns... Et puis, un jour, on s'aperçut qu'on avait taillé dans le cadavre d'un Juif, mort dans son bloc, puis dans celui d'un Russe. Et voici qu'en fouillant un de ces affamés, on a découvert, dans une petite boîte, quelques lambeaux de peau humaine. Je les ai vus.

Il y a des morts partout

Depuis huit jours, il y a des morts partout. Les uns, les privilégiés, meurent à l'hôpital, sur un grabat qu'ils partagent avec deux ou trois camarades qui s'étonnent soudain de l'immobilité de leur compagnon. On les entasse dans les salles de pansement des blocs 1 et 2. Les porteurs viennent les chercher deux fois par jour sur un petit chariot, par sept ou huit à la fois. Il y a ceux de la baraque des contagieux, que l'on emmène au fur et à mesure ; le four crématoire fait vis-à-vis. Il y a ceux des blocs de convalescents, des *Schonungsblocks*[252], que l'on tasse dans des resserres à claire-voie, en dehors des baraques, car ils sont trop, quarante ou cinquante par jour. Il y a ceux du bloc 23 que des espèces de forts des Halles[253] apportent sur l'épaule, nus, pliés en deux, jambes et bras ballants, comme des pièces de boucherie. Il y a ceux, tous ceux qui meurent dans les blocs du camp, que l'on amène à toute heure du jour ; on voit par les allées deux fantômes vacillants transporter un corps qui pourtant ne pèse pas lourd, mais qu'ils laissent tomber tous les dix mètres ; ils peuvent se faire une idée de leur dernier voyage, si proche. D'autres construisent une espèce de pavois[254] et charrient à quatre plusieurs corps à la fois. Il y a ceux, tous ceux que l'on apporte, morts, du travail et qui bénéficient, enfin, d'un transport par véhicule. Ceux-là, on les aligne dehors, pour leur inscrire leur matricule, que la pluie, qui tombe sans arrêt en ce mois d'avril, délave aussitôt. Et cela forme d'étranges traînées violettes sur les côtes saillantes... Tout le jour, il en est ainsi ; et demain, ce sera pareil. Il n'y a que le chiffre des morts quotidiens qui monte, terrible, progressif. Nous en étions à deux cents par jour. Il va atteindre trois cents, et même un jour trois cents soixante-quinze. Le crématoire ne peut plus y suffire ; on a beau pousser les feux... Et ce fut, une nuit, d'étranges funérailles, à la lueur des torches, quand on mit dans la chaux[255] deux mille cadavres d'un coup. Le camp tout entier n'est plus qu'une machine, une gigantesque machine à mourir de faim.

La ronde des jours

Jours de mai, jours d'attente. On sait que « cela » ne va pas tarder. Le jour est proche[256]. On peut, en attendant, tout endurer, cela n'a pas d'importance. Jours de juin, jours de fièvre[257]. C'est le commencement. Qu'importe les coups, la nourriture insuffisante ! « Cela » est. Tout le reste n'est que bluff. Jours de juillet, jours d'impatience. On croit à chaque instant que la percée va se faire en Normandie. Qu'ils se dépêchent, allons, qu'ils se dépêchent ! Jours d'août, jours d'allégresse. La percée est faite. Avranches, Rennes, Orléans, Paris. On en a pleuré[258]. Jours de septembre, jours de certitude. Jours graves. Bientôt, ce sera l'effondrement et, pour nous, la délivrance. On peut commencer à faire des projets. Jours d'octobre, jours d'espoir. Cela ne peut plus durer bien longtemps. Sous peu, une offensive victorieuse va terrasser l'aigle allemand. Jours de novembre, jours de détresse[259]. Il nous faut donc attendre le printemps prochain. Et combien serons-nous dans quelques mois ? Jours de décembre, jours de courage. Il faut se raidir contre le souci[260] ; il faut tenir, à tout prix ; il faut voir la fin de tout ceci, et quelle joie ! Jours de janvier, jours sereins[261]. On attend. L'année, l'année de notre liberté est commencée. Les nôtres[262] sont libres. Nous n'avons pas souffert en vain. Jours de février, jours de calculs. Les offensives en cours, étant donnés leurs progrès en tant de jours, doivent amener la défaite des Allemands en un temps défini. Il suffit de tenir, juste la durée de ce temps. Jours de mars, jours de désespoir. Cela ne finira donc jamais ? Hier, c'était mon compagnon, demain, moi, oui, moi sûrement, mathématiquement... Jours d'avril, jours d'indifférence. Allons, il faut se résigner. Le but est là ; il n'est certainement plus très éloigné. Mais nous ne le verrons pas. C'est stupide de tomber si près de l'arrivée. Ah !, la joie des jours de mai !

Divertissement au goût du jour

Le sang doit couler. Ne sens-tu pas que c'est nécessaire ? Immense soulagement, après toute cette sauvagerie. Il faut se venger. C'est bon, la vengeance, et puisque les *SS* nous ont échappé[263], payons-nous du moins sur leur valets. En place donc pour le spectacle ; il sera fastueux. Il en vaut la peine ; et pour te mettre dans l'ambiance, tu n'as qu'à réfléchir, oh !, une petite minute, à tout ce que tu as enduré ces derniers mois, et à tout ce que tu as vu. Pas besoin de répétition. Première entrée de ballet : les pantins rouges. Quelques chefs de bloc imprévoyants, attaqués par surprise et saignés négligemment ; sang dégoulinant sur les vêtements, sur nos vêtements, ceux qu'ils nous ont volés. Voyons un peu ce que peut faire un bon couteau, manié avec énergie. Messire Otto[264] le sait maintenant. Deuxième entrée : la danse du tomawak. Que les matraques entrent en danse. C'est infaillible. Que les cervelles sautent contre les parois de bois, magnifiques fioritures ! Et si tu es un raffiné, vraiment un raffiné, un connaisseur, il n'est pas besoin de bâton ; les talons suffisent, bien appliqués sur le crâne. Tiens, comme cela, sur Paul Friedl[265], le chien entre les chiens. Troisième entrée : les jeux d'eau. Réunion autour du bassin de la place d'appel. On verra bien qui fera le plus beau plongeon. Celui-ci ? Essayons donc avec cet autre-là. Tiens, il nage ; allons, messieurs, qui veut une pierre ? C'est le tir, à la fête de Neuilly, montrez votre adresse et faites voir ce que vous savez faire[266]. Tiens, il coule. Non ! Si ! Mains crispées et bulles. Finale : embrasement général. Je n'avais encore jamais vu le crématoire. Alors, c'est là dedans qu'on a failli aller. Celui-ci n'est pas encore tout à fait mort, cela va le réveiller. Ah !, le Tzigane[267], eh bien !, qu'en dis-tu ? Ah non !, ne sors pas du four, attrape un bon coup de barre de fer, mais pas sur la tête, il faut que tu savoures bien... Secrète[268] : on tue un peu partout ce soir. Vous ne pouvez pas lire, cela vous fait horreur ? Nous, on ne vous en veut pas, vous ne pouvez pas savoir.

Méditation

Moi, n'est-ce pas, je ne suis pas un sanguinaire. Et peut-être, après tout, ai-je moins souffert que les autres. Alors, je ne savais trop que faire. Je connais tous ces hommes que l'on supprime, ce soir. Je sais leurs crimes. Ils ont égorgé, pendu, assommé, envoyé au fil électrique[269], noyé[270]. Je sais bien tout cela. Mais l'atmosphère, ce soir, n'est guère différente des autres jours et je voudrais la paix, enfin la paix et le silence. Les machines se sont tues, là-bas, aux tunnels. Il n'y a plus que de vagues rumeurs dans le camp. Mais là, tout près, un incendie ravage les baraques des *SS*. Que faire ? Ils ont raison, c'est sûr. Il faut bien laisser s'échapper, comme par une soupape, le trop-plein des impatiences, des souffrances, des haines refoulées. Et l'on pourrait tout juste leur en vouloir, s'il s'agissait d'hommes normaux. Le plus grand crime des *SS* a été justement de tuer dans ces hommes tout ce qu'il y avait de spécifiquement humain[271]. Le sang est bon à voir couler pour les hommes primitifs. J'ai erré du côté des fosses ; ces fosses que nous sommes peu à connaître, celles où l'on a enfoui, par milliers de kilos, les cendres des corps brûlés au crématoire. Justement il y en a une d'ouverte, au bord de la route qui conduit au bâtiment du four. Elle bée, là. Elle contient les restes de 800 camarades au moins, et cela ne fait pas beaucoup de volume... Débris informes, comme de petits cailloux d'os, où l'œil du médecin reconnaît de-ci, de-là, une tête de fémur, un bout de côte. Innocemment, les malades se serviront de cette fosse comme d'une feuillée[272], dans les jours qui suivront ; et par ordre des Américains, on la refermera bien vite après y avoir entassé tous les détritus du voisinage. Je n'ai rien dit. Cela a-t-il une telle importance, les formes dont on entoure la mort ? Voyez, moi non plus, je ne suis plus tout à fait un homme civilisé.

Ils sont là !

Ce fut comme une clameur soudaine, une nouvelle répandue dans le camp comme un trait de feu ! Les chars américains ont pénétré dans notre bagne. Les allées sont emplies d'une ruée d'hommes qui se précipitent vers la place d'appel. La plupart des Français du camp se sont réunis devant le bloc 19. Le père Henri porte un drapeau, dont la vue étreint : un petit drapeau tricolore. Et derrière lui, nous voici tous en colonne par quatre. Nous nous mettons en marche vers la place ; la voici, pleine d'une foule bigarrée, avec cinq petites collines qui sont cinq véhicules américains escaladés déjà par nos camarades des autres nationalités. Un vacarme assourdissant, des vivats emplissent l'air. Des drapeaux polonais, grecs, yougoslaves, ont surgi comme par enchantement. Nous nous approchons du centre de la place et nous massons devant les pyramides humaines qui le marquent. Et tout d'un coup, hésitants, puis à pleine voix, à pleine poitrine, mille hommes chantent *La Marseillaise*... Les Américains se dégagent de ceux qui les pressent de toutes parts et nous apparaissent solides, bien nourris, confortablement vêtus de kaki, tête nue à part quelques-uns qui gardent le casque à écouteurs des conducteurs de chars. Ils nous regardent, nous les mille dépenaillés, les mille loqueteux, les mille misérables fantômes qui hurlons tant que nous pouvons le chant de notre pays. Et ils pleurent davantage que nous. Mille coeurs, un seul chant. Ce fut très beau et très grand. Un souffle enivrant de liberté, de cette liberté guettée au long des jours volés. Après, il y eut aussi la lutte pour la barre de chocolat et la cigarette. Après, il y eut également les petites luttes mesquines, les chapelles. Quelques jours après, ce fut une nouvelle société en place, avec des chefs de bloc, des chefs de camp, des chefs de police, de magasins, d'ateliers. Des grades et des brassards. Des privilèges et des injustices. Du pain blanc, mais pas pour tout le monde. Des vêtements, mais seulement pour quelques élus. Une nouvelle société, oui. Plus juste que l'ancienne, bien sûr, puisque c'est nous qui la dirigions. L'homme est incorrigible[273]. Il n'est sincère que par bouffées.

Zoo libre

On a ouvert les ergastules[274]. Des bêtes, des bêtes féroces. Les dompteurs sont partis. Les Américains nous ont dit solennellement : « Maintenant, vous êtes des hommes libres ». Libres, oui, mais des hommes ? Ivres de faim, saoulés de leurs souvenirs encore tout proches, ils se sont précipités dans le camp. Les portes sautent, les barbelés s'effondrent.

Ruée vers la montagne, où se terrent les *SS* ? Non. Il faut se hâter de trouver quelque chose que l'on puisse prendre, serrer contre soi, que l'on puisse avoir à soi, bien à soi. N'importe quoi, mais quelque chose. Une foule a éventré les baraques des *SS* qui n'ont pas brûlé cette nuit et se dispute la possession de misérables trésors. Certains reviennent les bras chargés de butin, de casseroles, de taies d'oreiller, de corbeilles à papier... Mais d'autres écoutent avant tout les plaintes de leur estomac et se sont précipités sur les magasins. il faut en prendre pour soi le plus possible ; quant aux autres, eh bien !, qu'ils fassent comme nous, qu'ils se débrouillent. Tout à côté du *Revier* est la boulangerie. Le spectacle n'est pas extrêmement plaisant. Une seule porte a pu être forcée et c'est une bataille forcenée pour y entrer. Cris, coups, invectives. Voilà que des malades ont aperçu, là, une aubaine possible et ils se pressent, et ils courent, eux qui ont à peine la force de marcher ! On les voit, en chemise ou tout nus, vacillant sur leurs jambes décharnées, qui essaient, eux aussi, de prendre part à la lutte pour entrer dans le lieu saint. Ils en reviennent bientôt, se traînant à peine, couverts de horions, les genoux en sang, à bout de souffle. Du plus loin qu'ils les aperçoivent, leurs compagnons restés dans le bloc se jettent hors des baraques et c'est une prise en chasse éperdue. Malheur à celui qui rapporte du pain ; il est aussitôt entouré d'une meute hurlante et il ne lui reste plus rien, à lui, écroulé sans forces sur le sol, essayant de porter à sa bouche quelque miette qu'il a sauvée du désastre. Deux autres, tombés à terre, nus, se griffent sauvagement ; ils n'ont pas la force de faire autre chose. Et quand on les sépare, on s'aperçoit que l'objet du combat est une toute petite poignée de farine que l'un des protagonistes serre dans sa main et qu'il tente, ensuite, d'avaler toute crue. Et c'est ainsi partout. J'ai voulu aller y voir, dans la boulangerie. Il faudrait un Flaubert[275] pour peindre les scènes de cette révolte d'esclaves. Des sacs éventrés gisent un peu partout. Les pétrins sont démantibulés ; partout de l'ordure ; certains ont fait leurs excréments, là, dans la farine répandue[276].

Mannequins

« Vous voulez voir de la misère, de la vraie misère, regardez-moi, monsieur l'Américain ; vous ne pouvez pas trouver mieux, actuellement, sur la place d'Ebensee. Nous avons plusieurs prix, adaptés aux diverses spécialités. Pour me photographier en pied, vêtu de ma chemise sale : une cigarette. Ce n'est pas cher. Maintenant, pour un bout de chocolat, je peux prendre une gamelle vide à la main. Je fournis tous les accessoires, et celle-ci fera un effet très décoratif. Elle est toute crevée et bossuée.

Préférez-vous une boîte de conserves, avec quelques miettes de ce pain noir horrible que nous mangions ? Maintenant, pour cinq cigarettes, j'enlève ma chemise. Et je vous assure que dans tout le camp, vous n'avez pas de côtes plus saillantes, de ventre plus excavé, de cuisses plus grêles que les miennes ! » Plaisanterie ? Mais non : cette scène est quotidienne. L'homme s'adapte à tout ; il se fait à tout ; il arrive à tirer parti de sa propre déchéance. Et si l'on avait pu vendre sa mort, combien l'auraient fait ?

En manière d'oraison funèbre

« Et tout cela pour des Altesse... »[277]

Vous êtes morts comme des chiens. Surtout, que l'on vous épargne les grands mots, les « sacrifices », les « morts qui ne le sont pas en vain » et autres ritournelles. Jamais morts ne furent plus inutiles. Ils sont morts comme des chiens, sans une dernière caresse, sans même un coup de fusil humanitaire. Morts aux yeux béants, aux bouches ouvertes... Vous n'avez pas eu droit aux vers réglementaires auxquels vous ont dérobés la flamme ou la chaux. Comme des chiens ; et nul ne saura jamais où vous êtes parties, petites fumées flottant au gré du vent sur la vallée du Danube, petites fumées de Français, de Russes, d'Italiens ou de Yougoslaves. Morts. Court instant qu'est la vie, clin d'oeil, une part de joie, de soleil, d'amour vous a été volée. Qui s'en soucie ? Déjà j'entends au loin un bruit de gros sous. Comme dans mon enfance, à Saint-Honoré d'Eylau[278], le bruit de gros sous qui s'élevait, insistant, couvrant le bruit des prières, tout de suite après le prêche et ses beaux sentiments[279]. Un bruit de gros sous, un large sourire commercial. Embrassons-nous et oublions. Liberté, Patrie ? Slogans, pour nous faire accepter quelque douteuse marchandise ? Il y a des marchands dans tous les temples du monde[280]. Comme des chiens. Vous avez traversé au départ un Paris insoucieux, vaquant à ses affaires ! Et si vous étiez revenus, vous auriez revu un Paris insoucieux, vaquant à ses affaires — toujours les affaires ! Et avec, comme avant, de la viande à soldats à tous les carrefours. Faut-il jouer les gribouilles[281] ou les tartufes[282] ? Vous êtes morts comme des chiens. Et vos morts, je le crains, ont été inutiles... À moins que... Camp, banc d'essai terrible, où l'inhumain pouvait anéantir un caractère, à moins qu'il ne fut au plus haut point humain, où seuls les plus dignes conservaient leur dignité, où seuls les meilleurs gardaient un peu de bonté ? Toi qui es revenu, crois-tu encore à quelque chose ? À n'importe quoi, mais à quelque chose ? Crois-tu encore à la justice ? Crois-tu encore à Dieu ? Et, ce qui est encore plus difficile, crois-tu encore aux hommes ? Alors, oui, mais alors seulement, rien n'a été inutile[283]. Alors, la petite flamme symbolique de Prométhée[284] n'est pas encore morte et, avec beaucoup d'effort et de souffle, pourra-t-on la ranimer ? Et cela prouve en tout cas que la Foi, l'Espérance et la Charité[285] — appelle-les comme tu veux, dans ton jargon particulier — sont nôtres, je t'assure, et qu'elles sont bien plus puissantes que les bourreaux et les boutiquiers[286].

Le service chirurgical du *Revier* d'Ebensee[287]

(15 mai 1944 – 6 mai 1945)

par le docteur François Wetterwald

Ce petit chapitre est le résumé d'un article que j'ai écrit en 1946, me basant sur les cahiers de comptes rendus opératoires des interventions chirurgicales que j'avais personnellement effectuées, cahiers que j'ai réussi à ramener en France, lors de ma libération. Cet article est paru dans la revue suisse Praxis, *en trois parties, au cours d'octobre 1947. Personne ne s'y [était] intéressé en France, [et c'est] mon lointain cousin, le docteur Max Wetterwald, de Bâle, [qui l'avait fait] admettre par la revue* Praxis[288].

Envoyé à Ebensee dans les premiers jours de mai 1944 en tant que *Lagerchirurg*, je n'avais à ma disposition que de bien piètres moyens ; dans l'ancien *Revier* (hôpital), une petite pièce mal éclairée me servait de salle d'opération. Seule aide possible, le médecin affecté à la médecine générale, le docteur Quenouille[289], puis le professeur Gilbert Dreyfus (Debrise)[290]. Mais quelques semaines plus tard, nous fûmes installés dans un groupe de baraques où je disposai de deux salles d'opérations — en planches —, une aseptique, l'autre pour les cas septiques, et d'une petite salle destinée à la stérilisation (par simple ébullition) des instruments. Mon temps était partagé entre les consultations générales, matin et soir, faites sous la surveillance d'un *SS*, les opérations, et mon « service » composé de trois salles d'une baraque voisine, occupées par des couchettes superposées — deux patients par couchette. Les conditions d'hygiène y étaient évidemment totalement insuffisantes. Je reçus du personnel de renfort : des *Feldscher* (officiers de santé) russes, dont l'un, Nikolaï Rjebkow, me servit d'aide opératoire. Je n'ai eu, en soutien, que deux chirurgiens confirmés. L'un, Nikolaï Kononenko, de Karkow, qui me fut trop rapidement enlevé pour être fusillé... L'autre, le docteur Couinaud, d'Argentan, ne vint nous rejoindre que quelques semaines avant la fin. Les moyens mis à notre disposition : pansements en papier plus souvent que de gaze, désinfectants locaux sans alcool. Médicaments chichement octroyés, à part les sulfamides. Très peu de sédatifs. L'anesthésie locale fut très souvent utilisée (Novocaïne). Pour les anesthésies générales, l'Éther (17 cas), le Chloroforme (44), le Chloréthyle (73), la voie intraveineuse : Evipan (24), Scophédal (16) furent employés[291]. Un seul cas de syncope respiratoire fut observé. Nous n'avions aucun moyen de réanimation, ni de possibilités de transfusions ou perfusions. J'avais réussi, en soudoyant un contremaître (avec des cigarettes) à me procurer des bandes plâtrées servant à isoler les conduites pour mes fractures ; de même je me procurais du fil à coudre auprès des tailleurs et cordonniers avec, comme moyen d'échange, des cigarettes que je me procurais de temps en temps à la « cantine » contre des marks du camp. J'étais en effet « payé » 11 marks par mois. Quant à la stérilisation : ébullition pour les rares instruments et les fils. Le linge était étuvé à la « désinfection ». Pas de gants de caoutchouc pour opérer ; on désinfectait ses mains par de longs brossages au savon, puis par bain dans une solution d'ammoniac à un demi pour cent. Enfin badigeonnage au Sepso (solution antiseptique remplaçant la teinture d'iode). Très rarement passage à l'alcool. Malgré cette absence de moyens, nous eûmes — relativement — peu d'infections postopératoires. Et j'ai en particulier pratiqué des interventions osseuses sans la moindre infection. Mais il faut tenir compte de la mise en sommeil de certains moyens de réaction des tissus due à la sous-alimentation. Je note sur mes cahiers que j'ai traité chirurgicalement 682 camarades (il est possible que je n'ai pas noté certaines interventions très bénignes). Ils étaient de très diverses nationalités, reflétant la composition de la population du camp ; parmi mes patients, je compte ainsi près de 220 Polonais, 175 Russes, mais seulement, si j'ose dire, 70 Français, 55 Italiens, 25 Yougoslaves, 15 Grecs, et quelques représentants de la Belgique, du Luxembourg, de la Hollande, de l'Espagne, de l'Allemagne, de l'Albanie et de la Lettonie. Je compte aussi environ 116 camarades de déportation détenus uniquement parce qu'ils étaient israélites. Au cours de certaines périodes, notamment lors des « arrivages », les traiter était difficile et j'ai eu, à ce sujet, quelques « mots » avec le *Rottenführer* Schilling[292]. Quant à la nature des interventions pratiquées, je crois qu'il faut passer rapidement sur les opérations couramment rencontrées dans une communauté de plus de cinq à six mille âmes. Les opérations autorisées par nos maîtres s'entend : hernies diverses (34), appendicites (31 dont 18 perforées ou gangrenées), perforations par ulcères gastroduodénaux (5), contusions de l'abdomen avec lésions intestinales (2), plaies de l'abdomen (2), affections urogénitales (12), affections rectales (10), perforation typhique (1)[293], occlusion intestinale (1). À retenir seulement qu'il s'agissait d'interventions autorisées soit parce qu'elles étaient urgentes, soit parce qu'elles pouvaient améliorer le rendement au travail. Les résultats rapprochés : 4 morts (nous n'avions aucun moyen de réanimation). Pour les résultats éloignés, impossible de les établir ; après une courte convalescence, les intéressés étaient remis au travail ou, jugés inutilisables, étaient renvoyés au camp central[294]... Les autres cas chirurgicaux relevaient, par contre, spécifiquement des conditions de la vie concentrationnaire. Il s'agit de traumatismes importants et nombreux, subis durant un travail sauvagement imposé à des hommes sous-alimentés et non protégés, et aussi des conséquences souvent dramatiques de la malnutrition. Sans oublier les sévices infligés par le personnel de commandement et d'encadrement. Tout d'abord les fractures par traumatismes durant le travail dans les tunnels de la véritable usine souterraine creusée dans les montagnes avoisinant Ebensee. J'ai réduit et plâtré 173 fractures de membres, diverses, avec quelques retards de consolidation, mais seulement deux pseudarthroses, de multiples fractures de côtes simples ou complexes, accompagnées parfois de lésions respiratoires (2 morts) ; cinq fractures de la colonne vertébrale, difficilement diagnostiquées en l'absence de radiologie ; elles furent traitées par immobilisation ; l'un des accidentés qui avait des lésions neurologiques graves est mort au bout de trois mois. J'ai réduit 10 luxations de l'épaule, amputé 2 avant-bras broyés. Je m'arrêterai un peu sur le chapitre des traumatismes de la main et des doigts (82 cas) ayant notamment nécessité 34 désarticulations de phalanges écrasées, et aux traumatismes de la tête ; leur fréquence tenait à l'absence de précautions élémentaires lors des tirs de mine. Je relève dans mes cahiers 68 plaies du cuir chevelu, relativement simples, de graves plaies de la face difficiles à réparer, 5 fractures du rocher[295] qui guérirent spontanément, et 7 embarrures[296] que nous avons chaque fois tenté (avec quelque succès) de lever avec un ciseau à froid ; 4 d'entre elles guérirent. Je consacrerai quelques lignes aux suppurations ; la plupart étaient provoquées par l'infection d'oedèmes de carence, oedèmes de volume souvent considérable qui, une fois infectés, donnaient lieu à des collections[297] d'une très grande abondance, sans élévation de la température du corps. La carence entraînait une sorte de paralysie des réactions de l'organisme (les malades atteints de pneumonie avaient une température normale). Ces phlegmons apyrétiques[298] siégeaient au niveau des jambes ? Malgré leur incision, les patients mouraient souvent de septicémie[299]. J'ai gardé pour la fin les conséquences directes des brutalités de nos gardiens : fractures du maxillaire inférieur par coup de poing (14 cas), fracture isolée du cubitus (9 cas ; les déportés, voyant un *Kapo*[300] lever son gourdin pour les frapper, plaçaient leurs avant-bras devant leur face pour la protéger), et enfin les conséquences parfois dramatiques des punitions corporelles réglementaires : coups de trique appliqués au niveau des fesses[301] (25, 50 ou même 75 selon l'importance du « délit ») entraînant des hématomes souvent considérables, fréquemment injectés secondairement et entraînant la mort malgré l'incision (1 cas sur 3). Voilà ce que j'ai cru bon de retenir, pour l'édification du lecteur, quant à la « vie des camps », d'après mes précieux cahiers.

Notes et commentaires

par Thierry Feral

Tout le contraire d'un « milieu rationnel », l'univers concentrationnaire a été extrêmement fluctuant dans sa gestion par les SS selon le camp et la période considérés. C'est pourquoi les informations données ci-après sur Mauthausen et Ebensee ont une valeur purement indicative et nullement absolue. Il n'est du reste pas rare que, sur nombre de points, les témoignages des anciens détenus eux-mêmes soient sujets à variations voire se contredisent.

1. Bien qu'organe *a priori* strictement militaire du renseignement et du contre-espionnage, l'*Abwehr* fut largement impliquée dans le démantèlement de la Résistance et rivalisa de zèle avec la *Gestapo* et le *SD à l'étranger*, toutefois en utilisant systématiquement, afin de ne pas souiller « l'honneur de l'armée », des auxiliaires français grassement rémunérés (cf. Alain Guérin, *La Résistance. Chronique illustrée*, vol. 5, Livre Club Diderot, 1976, pp. 35-53 ; réédition en format poche sous le titre *Chronique de la Résistance*, Omnibus, 2000). Pour le détail sur la concurrence entre ces services (qui se solda le 14 février 1944 par la dissolution de l'*Abwehr*), voir Jacques Delarue, *Histoire de la Gestapo*, L.d.P., quatrième partie, chap. II, III, et sixième partie, chap. I., deuxième section.
2. Suite au bombardement par la RAF du site de Pennemünde, sur la mer baltique, le 18 août 1943, la fabrication des V2 fut transférée et enterrée au camp de Dora, en Saxe, qui à l'origine n'était qu'un commando de Buchenwald (voir Yves Béon — qui y fut déporté à 18 ans —, *La Planète Dora*, Seuil, 1985). Le site d'Ebensee était prévu pour des fusées encore plus perfectionnées (cf. Michael J. Neufeld, *The Rocket and the Reich*, New York, Free Press, 1995).
3. Déportée à Auschwitz où elle refusera de s'associer aux expériences médicales effectuées sur les détenus par les médecins nazis, le docteur Adelaïde Hautval (1906-1988) est l'auteur de *Médecine et crimes contre l'humanité* (dernière édition : Le Félin, 2006, présentation et postface d'Anise Postel-Vinay).
4. Médecin des hôpitaux de Paris, auteur de *Cimetières sans tombeau* et *Week-end à Dachau*, deux textes majeurs sur la tragédie concentrationnaire.
5. Notamment Christian Bernadac dans *Les Médecins de l'impossible*, France-Empire, 1968, et Alain Guérin dans *La Résistance*, cf. note 1.
6. Allusion au *Goulag* soviétique qui, comme on le sait, ne fut jamais dénoncé par Louis Aragon (1897-1982) en dépit de preuves irréfutables (cf. A. Sakharov, *La Liberté intellectuelle en URSS et la coexistence*, Gallimard, 1969) et — à l'exception de « déviationnistes » comme David Rousset (*Pour la vérité sur les camps de concentration*, dès 1951 !) ou Pierre Daix (voir sa présentation d'*une Journée d'Ivan Denissovitch* d'Alexandre Soljenitsyne, 10/18, 1973, pp. 5-22) — que fort tardivement par le Parti communiste français.
7. J'ai apporté ici une légère modification stylistique au texte original dont le sens n'était pas très clair suite, vraisemblablement, à une erreur de composition de l'imprimeur.
8. Surnom de Bossuet (1627-1704), célèbre pour ses sermons et oraisons sur la mort, évêque de Meaux.

9. Les deux recueils des *Fleurs du Mal* se ferment sur *La Mort*.
10. Parallèlement à François Wetterwald, deux détenus de Buchenwald, David Rousset (*L'Univers concentrationnaire*, écrit en août 1945) et Eugen Kogon (*L'État SS*, écrit du 15 juin au 15 novembre 1945), avaient également insisté sur ce fait désormais reconnu par tous les historiens. De fait, l'extrême habileté — et perversité — des *SS* avait été de confier la gestion interne des camps aux concentrationnaires eux-mêmes en les hiérarchisant. Cf. mon article « Pourquoi toujours parler des camps du troisième Reich ? », in *La Mémoire féconde*, L'Harmattan, 2003.
11. On savourera la force littéraire de ce passage où, en quelques lignes, l'auteur rend compte de façon magistrale du quotidien du résistant dans la clandestinité, puis de ce qui se passe dans sa tête au moment de l'arrestation.
12. Comme l'a fort justement souligné Alain Guérin (*La Résistance*, vol. 5, op. cit., p. 35), « pour désigner ceux qui, en dehors de la police française, les pourchassaient, les arrêtaient, les torturaient », les résistants utilisaient le terme générique de *Gestapo*. Au moment où il rédige son livre, François Wetterwald ne déroge pas à cet usage. Ce n'est que plus tard (cf. son préambule de 1991) qu'il saura qu'il était tombé en réalité aux mains de l'*Abwehr*.
13. Il s'agit des auxiliaires français de l'*Abwehr* qui ont traqué et arrêté le résistant, et s'acharnent maintenant à le « confesser ».
14. Rusé, retors.
15. « Question » fut jusqu'au XVIIIe siècle le terme officiel du système pénal pour désigner la torture (abolie par Louis XVI sous l'influence du juriste milanais Cesare Beccaria, auteur du *Traité des délits et des peines*, mis à l'index par le Vatican, traduit en français en 1766 et salué par Voltaire comme le « vrai code de l'humanité »). En Allemagne, la torture (*Folter*) fut vigoureusement condamnée en 1631 par Friedrich Spee von Langenfeld dans sa *Cautio criminalis* (trad. fr. L'Harmattan, 2000) ; progressivement supprimée par les princes, elle disparut définitivement à l'époque des Lumières.
16. Avec de grosses joues.
17. À Paris, impasse d'une centaine de mètres partant de la Rue du Docteur Blanche dans le secteur Sud (Auteuil) du 16e arrondissement.
18. D'origine incertaine, ce mot — péjoratif et même haineux qui a survécu jusqu'à nos jours — serait apparu dans la foulée de la guerre de 1870. Selon les uns, dans la bouche des gavroches durant les deux jours de l'occupation de Paris, les 28 et 29 février (« boche » — aphérèse de caboche = tête, et augmenté d'un préfixe précisant l'origine : « italboche » pour un Italien, « alboche » pour un Allemand, etc...— était à l'origine un terme argotique pour dénommer une « tronche venue d'ailleurs »). Selon les autres, en Alsace annexée, où, par dérision, aurait été inversé le terme dialectal « *Schwob* » servant à désigner les Allemands (la Souabe — *Schwaben* — est le nom de la région qui fait face à l'Alsace de l'autre côté du Rhin ; ses habitants sont « les Souabes », *die Schwaben*).
19. Cavalier allemand (*Reiter*) qui au XVIe siècle disposait d'une monture rapide et d'un pistolet d'arçon pour attaquer à l'improviste. Appliqué ultérieurement à un soldat particulièrement vulgaire et brutal, puis par extension à un individu de grande expérience et plein d'astuce.

20. L'occupation avait été soigneusement préparée. La plupart des membres des services spéciaux opérant en France avaient, avant la guerre, effectué de nombreux séjours dans le pays, voire été assistants dans les lycées ou étudiants dans les universités. Ils parlaient parfaitement la langue, connaissaient à fond la géographie d'un lieu, les usages régionaux, les habitudes de la population...

21. Ce que veut dire François Wetterwald, c'est que le dénommé Rudi agit par conviction politique et patriotique, alors que les auxiliaires français n'agissent que pour obtenir de l'argent et des avantages ; du reste, on sait que nombre d'entre eux sortaient du « milieu » et avaient même bénéficié d'une libération de prison ou d'un non-lieu dès lors qu'ils avaient accepté de collaborer avec l'occupant.

22. C'est-à-dire des espions introduits dans la cellule pour gagner la confiance de ses occupants et les faire parler.

23. Adjudant. Le personnel de la prison était français, mais l'encadrement était assuré par l'armée allemande.

24. L'enclos où se trouve le taureau qu'on lâche pour la corrida.

25. Le sous-officier allemand en charge du quartier où sont détenus les résistants.

26. Il s'agit de graffiti laissés à l'époque de leur incarcération à Fresnes par ces deux « caïds », l'un de Pigalle, l'autre de la Bastille. « Vertus » fait vraisemblablement allusion au fait qu'ils pratiquaient le proxénétisme.

27. La corvée comme moment de liberté où le résistant est, durant environ une heure, supérieur à son destin et heureux (lire ou relire à ce propos *Le Mythe de Sisyphe* d'Albert Camus, publié alors qu'il était membre du réseau de Résistance « Combat »).

28. Ici bien sûr au sens d'« entrepôts ».

29. Surnom donné aux Allemands au cours de la Première Guerre mondiale. Il s'agit du prénom « Fridolin » qui apparaît de façon répétitive dans une rengaine à boire d'outre-Rhin et entendue par les « poilus » dans les tranchées ou les camps de prisonniers. On disait aussi « les fritz » (le prénom Fritz, abréviation de Friedrich = Frédéric, était alors extrêmement courant) ou « les frisés » (parfois aussi « les doryphores », ces grands mangeurs de pommes de terre — on les appelait aussi « les Kartoffel[n] » — envahissant subitement un pays à la façon des redoutés parasites).

30. Des soldats de la *Wehrmacht* purgeant une peine pour un motif quelconque avant d'être renvoyés sur le front. Signalons que, à Fresnes furent également incarcérés des Allemands antinazis engagés dans la Résistance française (voir à ce propos le témoignage de Paula Nuding-Ruess, in *Résistance*, Berlin, Dietz, 1975, pp. 131-133).

31. L'établissement pénitentiaire de Fresnes, à la pointe sud-ouest de l'actuel département du Val-de-Marne, était à l'époque en pleine campagne.

32. François Wetterwald s'indigne ici de ce que l'historien Jens-Christian Wagner a superbement dénoncé à propos des camps de concentration nazis, à savoir la « culture du détournement du regard » (« *Kultur des Wegschauens* »). Voir son article, in *Documents. Revue des questions allemandes*, n° sp. octobre 2005, pp. 32-37.

33. Réminiscence de Paul Verlaine qui, suite à son agression sur Rimbaud, fut incarcéré à Bruxelles puis à Mons de juillet 1873 à janvier 1875. Cf. aussi Émile Verhaeren : *Les Campagnes hallucinées* / 1893 et *Les Villes tentaculaires* / 1895.
34. Un missel. Avant la réforme de la liturgie catholique par le deuxième concile du Vatican (Jean XVIII puis Paul VI, d'octobre 1962 à décembre 1965), la messe se disait en latin. Ce « latin d'Église », fabriqué par les moines et qui n'avait plus rien à voir avec le latin classique, était psalmodié par les fidèles « sans jamais parler à la raison » (Voltaire, *Dictionnaire philosophique*, 1764).
35. Jésus de Nazareth.
36. Rue de Paris entre la place de la Madeleine et le boulevard Haussmann.
37. La majorité était alors à 21 ans. C'est sous la présidence de Valéry Giscard d'Estaing (1974-1981) qu'elle passera à 18 ans.
38. François Wetterwald n'est pas tendre pour les jeunes qui, non contents de s'accommoder de l'occupation, en profitent en faisant du trafic, et vont (les « zazous ») s'amuser le soir dans les clubs et dancings de Pigalle.
39. Dans l'argot des prisons, un criminel récidiviste.
40. Auteur notamment de *Jésus la Caille* (1914) qui décrit non sans poésie la faune des bas-fonds parisiens.
41. Cf. cette déclaration d'un chef *SS* rapportée par Eugen Kogon (*L'État SS*, Seuil/Politique, 1970, p. 21) : « Ce que nous voulons [...], c'est former un État moderne sur l'exemple des États communaux hellènes. Les grandes réalisations culturelles de l'Antiquité sont dues à ces démocraties conduites par l'aristocratie, avec leur large base économique d'ilotes. 5 à 10 p. 100 de la population, triés sur le volet, doivent commander ; le reste n'a qu'à travailler et obéir. C'est seulement ainsi que l'on pourra atteindre ces valeurs suprêmes que nous devons exiger de nous-mêmes et du peuple allemand ».
42. À Sparte, les [h]ilotes, les plus nombreux dans la cité, étaient les esclaves qui cultivaient les terres pour nourrir une minorité de privilégiés, les citoyens. Auteurs de fréquentes révoltes (la plus importante ayant été celle de 464 av. J.-C.), le pouvoir spartiate se verra pourtant contraint de les engager dans l'armée pour combattre Athènes (Guerre du Péloponnèse), quitte à mettre à mort ceux qui, à chaque victoire acquise, osaient revendiquer des compensations pour leurs services.
43. Près de la place de la Concorde.
44. En réalité, ce sera l'Autriche (cf. illustration de couverture), partie intégrante du Reich hitlérien depuis l'*Anschluß* (12-13 mars 1938).
45. Le temps mis par le train des déportés pour aller de Compiègne jusqu'au camp de concentration de Mauthausen.
46. Ce que veut dire ici François Wetterwald, c'est que, selon la norme en vigueur dans l'armée française, les wagons étaient prévus pour transporter 40 hommes de troupe et huit chevaux, donc au maximum 80 personnes alors qu'ils sont 125.
47. Si tant est qu'un déporté ait eu l'intention de s'échapper, il était ainsi impossible qu'il ne soit pas été immédiatement repéré.
48. Ce qu'exprime là François Wetterwald en chrétien convaincu doit être nuancé. On sait que la religion peut être aussi l'« opium des peuples » (K. Marx) et que le fanatisme prêché par certains religieux est tout aussi redoutable que le

fascisme. Il en va de même pour certains « philosophes » dont les idées n'ont pas toujours été conformes, loin de là, aux exigences de l'humanisme...

49. Cf. Stefan Zweig : « Nous aurions dû donner raison à Freud quand il voyait dans notre culture qu'un mince sédiment qui, à chaque instant, peut être crevé par les puissances destructrices d'un monde souterrain ». Cette phrase, qui nous interpelle sur la violence de l'archaïsme psychologique qui réside en tout humain (le *Ça*) et qui ne demande qu'à ressurgir dès que les circonstances y sont favorables (cf. note 128), représente une des explications essentielles de ce qui a fait le succès du nazisme et nous incite à une vigilance permanente, en premier lieu vis-à-vis de nous même, face à la moindre dérive. C'est en ce sens que Brecht écrivait dans son épilogue à *La résistible ascension d'Arturo Ui* que « le ventre est encore fécond d'où* **cela** *est éclos » (« *Der Schoß ist fruchtbar noch, aus dem* **das** *kroch* »), ce qui impose que chacun mette tout en œuvre pour combattre sa peste émotionnelle. À cet égard, on lira avec profit le petit livre du sociopsychanalyste Gérard Mendel, *De Faust à Ubu*, L'Aube, 1996.

50. « Messieurs les professeurs », c'est-à-dire les universitaires allemands qui, non contents de ne pas s'indigner des conceptions anthropologiques du national-socialisme, les cautionnent « scientifiquement », voire, pour certains, leur ont ouvert la voie dès la fin du XIXe siècle (cf. à ce sujet les recherches de Benoît Massin). Toutefois, il convient de ne pas négliger que ces conceptions, fondées sur le postulat que seul l'être racialement supérieur est capable de résister à la dégénérescence, ont également eu leurs promoteurs en France avec l'école anthroposociologique (Vacher de Lapouge), ou encore le Prix Nobel de médecine Alexis Carrel qui, dans *L'Homme, cet inconnu* (Plon, 1935), proposait carrément de « reconstruire » la civilisation en éliminant tous les individus préjudiciables à cette « voie nouvelle » et en « conditionnant » les autres à cette « grande aventure ».

51. L'étude fondamentale sur ce camp et ses annexes reste celle de Hans Maršálek, publiée sous l'égide de la *Österreichische Lagergemeinschaft Mauthausen*, Vienne, 1974 (édition revue et augmentée, 1980) ; on doit également à Hans Maršálek, le passage sur les gazages à Mauthausen, in E. Kogon, H. Langbein, A. Rückerl, *Les Chambres à gaz, secret d'État*, Éditions de Minuit, 1984, pp. 222-229. En outre, voir la thèse d'État de Michel Fabréguet, *Mauthausen, camp de concentration national-socialiste en Autriche rattachée (1938-1945)*, Paris IV, 1995.

52. Pour qui connaît les lieux, la description qui suit est saisissante de réalisme. En allemand, Mauthausen signifie historiquement le groupe de maisons (*-hausen*) où les bateliers navigant sur le Danube devaient s'acquitter d'un droit de péage (*Maut*). L'emplacement du camp, à quelques kilomètres du village, fut décidé en mai 1938 en raison de la présence de carrières de granit dont l'exploitation intensive devait servir à la rénovation de Linz, ville toute proche où Hitler avait passé sa jeunesse, et qu'il voulait transformer en capitale culturelle de l'Europe colonisée où seraient rassemblés tous les trésors de l'art pillés dans les pays occupés par la *Wehrmacht* (cf. « Le projet Linz » ; in T. Feral, *Anatomie d'un crépuscule. Essai sur l'histoire culturelle du troisième Reich*, Tarmeye, 1990, pp. 265-268).

53. Utilisé en Bavière au début des années 1930 pour désigner les chefs d'équipes de travailleurs immigrés italiens (*il capo* = la tête, le chef) employés à la construction des routes, le terme sera repris à Dachau pour désigner les détenus allemands de droit commun dont la direction du camp s'assurait la collaboration pour encadrer les concentrationnaires, puis se généralisera (sous la forme germanisée « *Kapo* ») à l'ensemble du système concentrationnaire. Tous les témoignages concordent pour dire que, là où les « politiques » (majoritairement les communistes) réussirent à prendre la place des droits communs (Dachau, Buchenwald), les conditions d'existence dans le camp s'en trouvèrent sensiblement améliorées. À Mauthausen, les capos étaient hiérarchisés en capos-chefs (*Oberkapo*), capos (*Kapo*), et sous-capos (*Winkelkapo*).
54. *Metropolis*, film d'anticipation de Fritz Lang (1926). Dans une cité-forteresse du futur, la population est stratifiée en trois catégories bien distinctes : les maîtres qui se prélassent dans les étages supérieurs ; les fonctionnaires — agglomérat d'individus disciplinés et centrés sur leurs prérogatives — qui, dans les bureaux des étages intermédiaires, assurent la bonne marche du système ; les esclaves, harcelés par des sbires, et qui se relaient jour et nuit pour trimer dans un univers souterrain dantesque dont Lang livre, en noir et blanc, des images terriblement oppressantes.
55. Ce jeu de lumières frisantes, de zones d'ombres, de luisances soudaines, porte la tension dramatique à son paroxysme, comme dans le cinéma dit expressionniste dont Fritz Lang fut un représentant majeur bien qu'il s'en soit ultérieurement défendu.
56. Ces têtes ne sont pas sans évoquer l'épouvantable image de Nosferatu, tel qu'incarné en 1921 par l'inoubliable Max Schreck dans le film (sous-titré « une symphonie de l'horreur ») de cet autre expressionniste de génie que fut Friedrich Wilhelm Murnau.
57. On complètera utilement cette description de l'arrivée au camp par les pages 58-61 du livre de Paul Berben, *Dachau*, diffusé sous l'égide du Comité international de Dachau.
58. En allemand « *Block* » ; mot désignant le baraquement où logeait le concentrationnaire. Il s'agit ici d'un bloc de quarantaine (blocs 16 à 19) où les nouveaux arrivants au camp de Mauthausen restaient une quinzaine de jours avant d'être répartis dans des commandos de travail et transférés dans le bloc correspondant à leur commando (3 à 19, 21 à 24). Les malades et inaptes au travail étaient envoyés au bloc 20, dit « bloc de la mort », en face duquel se trouvait la « *Genickschußanlage* » (une sorte de toise fixée contre une cloison équipée d'un clapet invisible pour tirer une balle dans la nuque de celui que l'on « mesurait » ; jusqu'à trente personnes à l'heure), la chambre à gaz qui fonctionna de mai 1942 à avril 1945, et le crématoire. Le bloc 2, bien entretenu, était réservé aux détenus exerçant une fonction hiérarchique. Le bloc 1 était utilisé pour le secrétariat, la cantine, la cordonnerie, et un bordel...
59. Et où se trouve le quartier des prisonniers de guerre soviétiques (dit « camp russe ») ; au moment où parle François Wetterwald, ils sont environ 4000.
60. Célèbre roman de Jules Verne (1876) qui se déroule en Russie à l'époque de son invasion par les Tatars.

61. De type asiatique ; désigne les prisonniers de l'Armée rouge originaires de l'Asie centrale soviétique. Ceux dont parle ici François Wetterwald viennent d'arriver dans le camp et ont été placés, comme tous les nouveaux arrivants, dans le bloc de quarantaine avant d'être transférés au quartier des prisonniers soviétiques.

62. Il y avait dans tous les camps une « *Effektenkammer* », c'est-à-dire une baraque où étaient entreposés les habits, les chaussures, et autres « effets » récupérés sur les détenus. C'est dans ce grenier que l'on puisait de quoi vêtir au quotidien le concentrationnaire, son « habit officiel » — le tristement célèbre « pyjama rayé » avec sur la poitrine le triangle de couleur indiquant la catégorie dont il relevait (cf. E. Kogon, *L'État SS*, Seuil/Politique, quatrième couverture) et son numéro — étant réservé aux rassemblements et aux sorties en commando afin qu'il soit immédiatement identifiable par la population et la police en cas de fuite (voir à ce propos Anna Seghers, *La septième croix*, et Ernst Wiechert, *Missa sine nomine*).

63. Gris-vert ; couleur des uniformes des soldats allemands à partir de la Première Guerre mondiale ; d'où l'expression « les vert-de-gris » qui deviendra très vite dans le langage populaire français une dénomination commune pour les Allemands.

64. De l'espagnol « *mascarilla* », petit masque ; dans l'ancienne comédie, valet affublé de tenues ridicules.

65. D'une maigreur extrême, au corps desséché (à ne pas confondre avec ét*h*ique).

66. Le « chef de bloc » (*Blockführer*) était un *SS* de grade subalterne qui avait en charge un bloc d'habitation et droit de vie et de mort sur les détenus. Il était secondé par le « doyen de bloc » (*Blockàltester*) qui était lui un détenu chargé d'assurer le bon fonctionnement du bloc avec l'assistance de « chargés de chambrée » (*Stubendienste*, généralement deux à trois par bloc). Or, dans son récit, le docteur Wetterwald ne respecte pas cette distinction ; chez lui, l'expression « chef de bloc » désigne toujours un « doyen de bloc ».

67. Ou bouteillons ; en langage militaire, grosse bassine en fer-blanc servant à transporter la nourriture de la cuisine aux cantonnements des troupiers.

68. Appelée « *Mischka* » ou « *Miska* » en sabir concentrationnaire (cf. la suite du texte de François Wetterwald). Comme l'a montré Hans Maršálek en annexe de son étude sur Mauthausen, le langage concentrationnaire était un assemblage hétéroclite de termes et d'expressions empruntés indifféremment aux idiomes européens représentés dans le camp dès lors qu'ils étaient facilement prononçables et assimilables par tous. Par contre, pour tout ce qui était « officiel », la langue obligatoire était l'allemand, mais un allemand relevant plus du jargon militaire et de l'argot des bas-fonds que de la langue classique ; en fait, tout ce que les *SS* réclamaient d'un détenu, c'était qu'il sache les saluer avec déférence, déclamer son numéro d'appel, y répondre, et comprendre les ordres ; celui qui n'y parvenait pas risquait le pire. Bien évidemment les postes qui impliquaient des rapports suivis avec la hiérarchie étaient attribués aux prisonniers qui parlaient l'allemand.

69. François Wetterwald fait ici allusion à la pause de midi qui durait une demi-heure. À Mauthausen, la journée de travail oscillait entre 10 et 12 heures en été, et entre 8 et 9 heures en hiver. Le dimanche, la journée de travail s'arrêtait à midi. Cependant, des différences horaires existaient en fonction des tâches attribuées aux différents commandos et du lieu où ils travaillaient.

70. François Wetterwald est toujours en quarantaine et n'a pas encore été affecté à un commando.

71. Les concentrationnaires sont comparés à une meute de chiens que l'on enferme. De fait, pour s'adresser aux prisonniers, les *SS* et les capos utilisaient fréquemment le mot « *Hund* » (chien) ou « *Schweinehund* » (chien de porc).

72. Tentative des mathématiciens n'ayant jamais abouti pour réduire géométriquement un cercle à un carré équivalent en surface ; passé dans le langage courant pour caractériser un problème insoluble.

73. Dans la tragédie grecque, nom du chef des chœurs et des danseurs ; utilisé ici ironiquement pour désigner les capos. Pour les *SS*, un camp de concentration devait fonctionner avec la « perfection d'un orchestre », d'où du reste (cf. E. Kogon, *L'État SS*, Seuil/Politique, 1970, p. 376) l'ignoble expression de « *Konzertlager* », forgée à partir de ***Konze[nt]r[a]t[ions]lager***.

74. Le terme est bien sûr employé ici sur le mode ironique et n'est pas sans évoquer le titre de Francis Ambrière, *Les Grandes Vacances* (1946, prix Goncourt), qui décrit la vie des prisonniers dans un *Stalag*. Selon certains déportés, « *Touristen* » aurait été utilisé par les *SS* eux-mêmes pour désigner les nouveaux arrivants étrangers dans les camps.

75. Voir note 66.

76. C'est-à-dire le détenu responsable des effectifs pour un bloc (*Blockschreiber*). En cas de problème, les *Blockschreiber* s'adressaient au *Lagerschreiber* (« secrétaire du camp », également un détenu) qui administrait l'ensemble des effectifs du camp sous contrôle d'un adjudant *SS*, le *Rapportfuhrer*, ainsi nommé parce qu'il était chargé de présenter quotidiennement un rapport au chef du camp (*Lagerführer*) sur la « gestion du stock » des prison-niers, leur état physique, le rendement des commandos.

77. L'épisode a été également relaté par Christian Bernadac (*Les Médecins de l'impossible*, France-Empire, 1968, p. 75) qui le tenait du professeur Gilbert Dreyfus : la pierre aurait pesé exactement 142 kilos. Les concentrationnaires chargés de porter les pierres accédaient à la carrière par un escalier de 186 marches qu'ils remontaient ensuite avec leur charge sur le dos, et ce en rotation continue (voir p. 28, *La chenille*). On comprend facilement pourquoi cet escalier fut très vite baptisé « l'escalier de la mort » (*Todesstiege*).

78. Pour caractériser la pestilence qui se dégage du crématoire, l'association olfactive qui s'impose immédiatement à François Wetterwald est celle de l'odeur produite lors du ferrage des chevaux qui, jusqu'à la motorisation des transports et de l'agriculture dans les années 1950, était un spectacle extrêmement courant. Surgissent alors, pour peu qu'il fasse abstraction du contexte (« en fermant les yeux »), des réminiscences acoustiques (le martelage du fer sur l'enclume) qui le renvoient pour un bref instant au temps perdu de sa liberté.

79. *Memento mori* : expression latine exhortant (notamment dans les édifices religieux sous la forme des « Danses macabres ») à « ne jamais oublier la mort » qui peut frapper chacun à tout instant, et donc à ne pas succomber au péché et à vivre dans la dévotion afin d'être toujours en situation de comparaître devant

Dieu. Armand Jean Le Bouthillier de Rancé en fit au XVIIe siècle la règle primordiale de l'abbaye cistercienne de Soligny La Trappe, dans l'actuel département de l'Orne, donnant par-là même naissance à la congrégation monastique pénitentielle des trappistes.

80. Comme précisé à la note 66, il s'agit en réalité du « doyen de bloc » qui bénéficiait d'énormes privilèges et — comme on va le voir à la section suivante — ne se privait pas d'en user et abuser. Cf. à ce propos, E. Kogon, *L'État SS*, Seuil/Politique, 1970, pp. 60-61.

81. Adjectif formé sur « Bacchus », le dieu romain de l'ivresse et de l'orgie.

82. De l'italien « *spada* », l'épée ; à l'origine, un homme habile à manier l'arme blanche et payé pour assassiner ; par extension, celui qui fait régner la terreur au service d'un maître.

83. La trique, moyen privilégié pour « se faire comprendre » des détenus, avait été ironiquement baptisée par ceux-ci « *der Dolmeltscher* » (l'interprète).

84. Jeunes garçons dont s'entouraient certains princes (l'empereur Adrien, le roi Henri III...) pour se livrer à des activités pédérastiques.

85. Bien sûr ici au sens de site géographique circulaire entouré de falaises.

86. Ce passage rompt donc avec la chronologie. Aux dires du docteur Henri Brunswic, ami de François Wetterwald, il aurait été écrit rétrospectivement, et en tout cas après la libération du camp par les Américains (5 mai 1945). Du reste (cf. séquence suivante), le docteur Wetterwald ne fut jamais affecté à la carrière (il parle de 180 marches alors que tous les concentrationnaires qui y travaillaient connaissaient — et pour cause ! — le nombre exact : 186), mais fut affecté dès la fin de son « temps de quarantaine » comme assistant chirurgien « au camp-hôpital ».

87. « Gauche, droite, gauche... ».

88. On notera ici le registre particulier de l'emploi du *nous* par le docteur Wetterwald pour parler des concentrationnaires qui trimaient dans la carrière alors que lui-même avait eu la chance de ne pas en faire partie (ils furent une vingtaine de médecins français à y échapper, parmi lesquels le professeur Gilbert Dreyfus). C'est là un hommage aux *autres*, et notamment à ses quelque 200 confrères qui, eux, y moururent, et avec lesquels il s'identifie — cela aurait pu être moi, donc je suis eux — afin que ne soit jamais oubliée la barbarie qui les voua au néant (cendres dispersées à la sortie des crématoires, aucune sépulture pour conserver leur souvenir). Pour désigner un tel processus d'identification, le psychiatre et psychanalyste Alain de Mijolla a forgé, à partir du célèbre « Je est un autre » de Rimbaud, auteur sur lequel il a beaucoup travaillé, le pertinent concept de « *les autres en nous* » (*Les Visiteurs du moi*, Les Belles Lettres, [2]1986).

89. C'est au cours de cette période probatoire que ceux qui, pour un quelconque motif, « ne convenaient pas », étaient envoyés à la carrière.

90. Rappelons que, depuis Voltaire, « quelque » reste invariable lorsqu'il signifie « environ » ; par contre Pascal l'accordait encore.

91. Il s'agit de Josef Podlaha, arrivé à Mauthausen le 3 février 1942 ; envoyé dans un premier temps à la carrière, puis dans un commando chargé de construire une route ; le 4 mai, le médecin-chef du camp, Eduard Krebsbach, le charge d'une opération stomacale urgente sur un *SS* ; quelques semaines plus tard, il lui confie sa propre femme pour un grave panaris. Suite à ce double succès, Podlaha est nommé « patron » du bloc opératoire. Affecté en juillet 1942 au camp annexe de Gusen pour enseigner la chirurgie au médecin SS Hermann Richter, il retourne à Mauthausen en octobre à la demande de l'interne *SS* Karl Böhmichen qui souhaite préparer sa thèse de doctorat avec lui. Les successeurs de Krebsbach, Friedrich Entress (oct. 1941 – juillet 1944) et Waldemar Wolter (août 1944 – mai 1945), maintiendront Podlaha à son poste jusqu'à la libération du camp.

92. C'est-à-dire Wetterwald lui-même ; à l'époque, avoir « fait l'internat » en chirurgie des hôpitaux de Paris conférait un immense prestige, reconnu internationalement.

93. Terme soutenu pour « pensées ».

94. Cf. note 91 ; François Wetterwald orthographie le nom phonétiquement.

95. Voir note 62.

96. « Garde à vous, fixe ! »

97. Il s'agit ici en réalité du « doyen de bloc » (*Blockàltester*), accompagné du « secrétaire de bloc » (*Blockschreiber*), le *SS* étant le « chef de bloc » (*Blockführer*) ; cf. notes 66 et 76.

98. Ibid.

99. « Connards de chiens ! »

100. À l'origine, nom donné aux harangues de l'homme politique athénien Démosthène à l'endroit du roi Philippe de Macédoine, et ultérieurement aux discours de Cicéron contre Marc-Antoine ; par extension, propos agressif et injurieux.

101. Terme désignant chez les anciens Grecs les porteurs (essentiellement des jeunes filles) de corbeilles sacrées lors des processions funèbres ; motif ornemental classique (effectivement une « harmonie de sépias, de roux, de noirs ») des vases antiques qui accompagnaient le défunt dans sa sépulture et que l'on trouve également sur le sarcophage d'Aghia Triada (Crète), visible au musée d'Iraklion. Pour caractériser la scène qui se présente à lui, François Wetterwald n'a pas d'autre référence que sa culture ; même si sa comparaison peut sembler abusive, il faut y voir une façon inconsciente de se raccrocher à des valeurs positives et de fugitivement dédramatiser une situation dont l'absurdité le cingle avec la « farce » finale — quasi moliéresque — des chirurgiens « graves [et] recueillis ».

102. Appelée en Allemagne, à l'époque de la peste noire, « *Schudderump* » (contraction de « *schütt 'runter !* » = bascule tout ça dans la fosse...), la charrette des morts était pour Wilhelm Raabe (*Der Schüdderump*, 1870) le symbole par excellence du devenir de l'existence humaine inféodée à l'industrialisation galopante : incompréhension entre les individus aliénés, indifférence à la souffrance des autres, perte de la solidarité. Anticipant ce que serait à l'époque de la « peste brune » l'exploitation forcenée de l'homme par l'homme par la collusion des patrons capitalistes et du pouvoir politique (cf. T. Feral, « Le système concentrationnaire : un esclavagisme industriel dans l'Europe du XXe siècle », in *Penser le nazisme*, L'Harmattan, 2007), il écrivait dans son roman : « L'horreur de notre monde, bien pire que la mort, c'est que des fripouilles sont et resteront maîtresses de tout ». À relever que, en 1864, Raabe avait produit avec *Le Pasteur famélique* (*Der Hungerpastor*) un ouvrage fortement marqué par l'antisémitisme,

attitude dont il se démarquera par la suite (cf. *Hauptwerke der deutschen Literatur*, Munich, Kindler, 1974, p. 391).
103. Persil, oignons...
104. Terme militaire pour désigner des toilettes sommairement aménagées.
105. « *Ambulanz* », c'est-à-dire l'infirmerie.
106. « *Spritzen* » (piquer) dans le langage du camp. Le « spécialiste » de cette méthode pour éliminer les incurables et improductifs fut le docteur Eduard Krebsbach (médecin-chef à Mauthausen d'octobre 1941 à octobre 1943), affublé par les détenus du surnom de « *Spritzbach* ». Lors de son procès en 1946, il prétendra avoir agi « par humanité » (« *aus Humanitatsgründen* » ; cf. Hans Maršálek, *Die Geschichte des Konzentrationslagers Mauthausen*, Vienne, Österreichische Lagergemeinschaft Mauthausen, [2]1980, p. 186).
107. À prendre bien sûr sur le mode sarcastique.
108. Dont les médecins étaient une des cibles privilégiées (cf. *Monsieur de Pouceaugnac, L'Amour médecin, Le Médecin malgré lui*). Dans *Le Malade imaginaire,* Diafoirus représente le charlatan qui camouffle son incompétence derrière un discours prétentieux et ne tolérant aucune discussion.
109. Il s'agit du docteur Czaplinski qui, après avoir travaillé durant un an dans la carrière, était devenu le « grand patron » des médecins déportés et cherchait, par tous les moyens, à se faire apprécier de la hiérarchie *SS.* C'est à lui que revenait notamment de sélectionner le « personnel hospitalier ». Il sera remplacé par le professeur Gilbert Dreyfus (voir son livre *Cimetières sans tombeaux* — sous le pseudonyme de Gilbert Debrise —, Bibliothèque française, 1946). Quelque temps plus tard, suite à une fronde orchestrée par ses « confrères » qui ne supportaient pas d'être chapeautés par un Français, Gilbert Dreyfus sera muté à Ebensee.
110. Selon Paul Berben (*Dachau*, Comité international de Dachau, 1968, p. 105), les installations médicales de ce camp étaient « complètes et modernes et, dans des conditions normales, des spécialistes auraient pu y soigner toutes les affections et exercer leur art avec toute l'efficacité voulue [...]. Il existait notamment un électrocardiographe et un matériel de radiographie Siemens du dernier modèle ». Toutefois, Berben ne manque pas de préciser que, si l'« on ne manquait jamais de montrer aux visiteurs ces installations qui témoignaient de *l'intérêt que les SS portaient à la santé des détenus* », on y pratiquait plus « l'art de tuer que celui de guérir ».
111. Surnommé « *Fantomas* ».
112. Voir E. Kogon *et al.*, *Les Chambres à gaz, secret d'État*, Éditions de Minuit, 1984, p. 227 *sq.*. Le camp annexe de Gusen I (carrière et aussi, plus tard, fabrique de mitrailleuses et de cabines d'avions) avait édifié en mai 1940 et se trouvait à environ trois kilomètres de Mauthausen (il y eut également Gusen II, ouvert en mars 1944, et Gusen III, ouvert en décembre 1944, où la main-d'oeuvre concentrationnaire travailla essentiellement pour l'entreprise aéronautique Messerschmitt).
113. À l'époque, nom de l'actuel Théâtre musical de Paris, 1 place du Châtelet, dans le 1er arrondissement.
114. Géant de la mythologie grecque (Antaios) qui puisait sa force dans son contact avec la terre ; vaincu par Héraclès (Hercule).

115. Danse ancienne, de mesure binaire ou ternaire avec alternance de mouvements lents et vifs, qui connut les faveurs de la cour de Louis XIV.
116. Nous savons désormais qu'il s'agit en réalité du « doyen de bloc » (*Blockältester*). Le fait sur lequel insiste ici François Wetterwald est que les doyens de block, majoritairement choisis parmi les détenus de droit commun (triangle vert) allemands et autrichiens, se comportaient en véritables « pachas » et rivalisaient de brutalité envers les prisonniers ordinaires ; ils bénéficiaient de nombreux privilèges (habillement, nourriture, alcool, tabac, et parfois même autorisation de sortie du camp pour se livrer alentour au marché noir pour le compte des *SS* auquel tout trafic était interdit). À Mauthausen, écrit Hans Maršálek (*Die Geschichte des Konzentrationslagers Mauthausen*, op. cit., p. 62), « l'influence des criminels ne fut éradiquée définitivement qu'à l'époque de la libération du camp ».
117. Employé comme aide-soignant durant sa détention à Auschwitz, Willy Berler écrit dans ses mémoires (*Itinéraire dans les ténèbres*, L'Harmattan, 1999, p. 133) : « Il y a de plus en plus de maladies épidémiques [...] et les *SS* craignent avant tout pour leur propre santé. Aussi la direction du camp a-t-elle entrepris une guerre féroce contre les poux. Elle a fait afficher un énorme dessin de pou dans les sanitaires, dont la légende proclame : « *Eine Laus – Dein Tod*, un seul pou et tu es mort ! » [...] Il faut dire que le typhus exanthématique sévit tout autant chez eux que chez les détenus, et qu'ils en ont un peur terrible. Alors ils ont instaurés des inspections régulières, au cours desquelles tous les détenus sont examinés, surtout aux aisselles et autour du pénis [les concentrationnaires avaient le crâne rasé, T.F.]. Ce n'est pas un travail trop pénible, et quand je trouve des poux sur un détenu, je le lui signale, pour qu'il tâche de s'en débarrasser dans la mesure du possible. Mais certains de mes *collègues* signalent ces cas directement au chef de chambrée [*Stubendienst*, cf. note 64, T.F.] qui fait passer à la malheureuse victime un très mauvais quart d'heure. Naturellement, toutes ces mesures sont du bricolage, car on a beau chercher les poux dans le linge de corps et les écraser, on ne vient pas à bout des lentes, et toutes les mesures de désinfection n'empêchent pas que la vermine se perpétue ». Effectivement, indique Paul Berben dans son ouvrage sur Dachau (op. cit., p. 110), « les détenus étaient mis en garde contre les parasites par des affiches les avertissant de ce que un pou signifiait leur mort (*Eine Laus – Dein Tod*), mais [...] la vermine grouillait dans les vêtements et les paillasses » ; à partir de 1944 (pp. 108-109), « à l'apparition du typhus exanthématique[...], ce fut une véritable tragédie dont le camp fut le théâtre [...]. Lorsque les premiers cas furent reconnus, il fut vainement fait appel aux médecins *SS* pour qu'ils décrètent des mesures de quarantaine [...]. Ce n'est qu'après la Noël de 1944, lorsque les *SS* furent atteints, que Berlin ordonna des mesures de quarantaine partielle. Mais plus rien ne pouvait enrayer le mal [...]. La mortalité devint effrayante ».
118. Voir note 116.
119. Sur le problème de la conception de la justice sous le troisième Reich, voir mon *Justice et nazisme*, L'Harmattan, 1997.
120. Le Traunsee, qui s'étend sur 25 km^2 et fait 12 km de long.
121. Défini en tant que « mise en oeuvre de la force vitale » de l'individu « pour la subsistance de sa communauté raciale populaire », le travail était une des

« valeurs » centrales de l'idéologie nationale-socialiste. Dès 1933, toute personne ne satisfaisant pas aux exigences comportementales fixées par le régime (mendiants, vagabonds, marginaux de tout ordre) fut déclarée indigne d'être « membre de la communauté raciale populaire » (« *Volksgenosse* ») et classée « asociale » (« *asozial* ») ; les « asociaux » étaient envoyés en camp de concentration (triangle noir) pour y être « rééduqués » (l'entrée au camp de Dachau, inauguré le 22 mars 1933, se faisait par une porte dont la grille portait en lettres de fer forgé l'inscription : « *Arbeit macht frei* » / « le travail rend libre ») ; les « irrécupérables » étaient voués à l'élimination (voir B. Massin, *L'Histoire*, 217/1998, pp. 52-59). À partir de janvier 1938, dans le cadre du « Plan de quatre ans » (*Vierjahresplan*) adopté en 1936 en vue de la préparation de la guerre, les chômeurs qui refusaient à deux reprises l'emploi que leur proposait l'administration, et ce quelques soient leurs compétences, étaient classés « rétifs au travail » (« *arbeitsscheu* ») et envoyés à Buchenwald. À partir d'octobre 1939, les malades mentaux et handicapés furent gazés (« Aktion T4 ») dans des « instituts d'euthanasie» (cf. *Médecine et nazisme*, L'Harmattan, 1998).

122. Comme déjà signalé, François Wetterwald n'établit pas la distinction qui s'impose entre les emplois dévolus aux *SS* (chef de bloc = *Blockführer*, chef de camp = *Lagerführer*) et ceux assurés par des détenus. Pour être conforme à la réalité concentrationnaire, sa phrase doit donc être corrigée comme suit : « les emplois de doyens de bloc (*Blockältester*), de chefs de chambre (*Stubendienst*), de doyens de camp (*Lagerältester*), de policiers (*Lagerschutz*), etc... ».

123. Voir note 39.

124. Si François Wetterwald a recours à ce terme pour différencier les types physiques humains sans que cela implique de sa part — conformément à l'enseignement le plus avancé de son temps (cf. Groupe lyonnais d'études médicales, philosophiques et biologiques, *Hérédité et races*, Éditions du Cerf, 1931) — une quelconque attitude raciste, on ne sait que trop combien la notion de « race » a été depuis le XIXe siècle triturée par des idéologues (voir François de Fontette, *Le Racisme*, PUF, Que sais-je ?) dont les théories, instrumentalisées par les politiciens à des fins purement démagogiques (« corps de la nation » menacé par des « parasites » et impliquant, au nom de l'unité raciale, la fin de la lutte des classes — et donc notamment du combat syndical — ; justification de l'impérialisme continental et colonial ; exaltation d'une soi-disant régénération de la civilisation exigeant des sacrifices), ont eu des effets ravageurs et servent encore de nos jours à certains pour manipuler les foules. Ce n'est pas le moindre mérite du généticien Albert Jacquard de s'être attaché à expliquer que le concept de « race » (au XVIIIe siècle, nous apprend Hannah Arendt dans *L'Impérialisme*, le théologien et philosophe Johann Gottfried Herder se refusait déjà à appliquer cet « ignoble mot » aux hommes) est totalement inadéquat quant à la réalité humaine : « Si le classement des hommes en groupes plus ou moins homogènes, que l'on pourrait appeler *races*, avait un sens biologique réel, le rôle de la biologie serait d'établir ce classement au mieux ; mais ce classement n'a pas de sens [...]. Ce n'est pas entre les groupes, mais entre les individus que nous constatons la plus grande diversité » (A. Jacquard, *Impact*, 10/11, 1979), ce que ne cessent de confirmer les recherches génétiques les plus actuelles. En fait, tout être humain est unique et constitue à lui seul une « race », sauf peut-être dans le cas de vrais jumeaux — et encore !, compte tenu du rapport dialectique avec les sollicitations extérieures qui produisent des évolutions différentes (cf. les travaux du professeur Axel Kahn).

125. Ouvert en novembre 1943, Ebensee rassembla jusqu'à 18 437 détenus. Mauthausen compta plus de quarante camps annexes. À partir du printemps de 1941, dans le cadre de l'« Action d'élimination des invalides » (*Invaliden-Aktion*), codée « Action 14 f 13 », les concentrationnaires de Mauthausen et de ses camps annexes considérés comme « existences économiquement inutilisables » furent euthanasiés au château de Hartheim, près de Linz, où officiaient 82 personnes, parmi lesquelles le docteur Georg Renno. On estime le nombre des victimes à plus de 7000.

126. Sur une des parois duquel les *SS* avaient fait inscrire en lettres gothiques (cf. Hans Maršálek, *Die Geschichte des Konzentrationslagers Mauthausen*, Vienne, Österreichische Lagergemeinschaft Mauthausen, [2]1980, p. 361, adaptation française T.F.) :

« Que des vers répugnants se délectent de ma carcasse, pas question,
Si je dois être dévoré, que ce soit par la flamme de la purification ;
Pour la chaleur du feu et son incandescence, j'ai toujours eu une passion,
C'est pourquoi ne m'enterrez pas : j'ai choisi la crémation ! »

127. À leur arrivée dans le camp, les détenus étaient immédiatement avertis par un *SS* goguenard que la seule sortie possible était la cheminée du crématoire (« *durch den Schornstein des Krematoriums* »).

128. « L'homme est un loup pour l'homme » ; formule créée le poète et auteur de théâtre latin Titus Maccius Plautus, dit Plaute (254 – 184 av. J.-C.). Constituera, comme l'a relevé Erich Fromm (in *Sigmund Freuds Sendung*, Ullstein, 1961, p. 141), le pivot de la réflexion de Freud sur *Le Malaise dans la civilisation* (1930) : « Freud écrit : „ *Homo homini lupus* : qui a le courage de contester cette phrase après tout ce que lui a enseigné la vie et l'histoire ? La férocité de l'agressivité [...] se donne spontanément libre cours [...] dès lors que se trouvent neutralisées les forces morales qui s'y opposent et normalement l'inhibent, elle fait apparaître l'être humain en tant que bête sauvage d'une cruauté extrême (*wilde Bestie*), étrangère au respect de sa propre espèce" ».

129. Voir note 124.

130. Comme l'a déjà précisé François Wetterwald (pp. 32-33, 38), il s'agit de l'« hôpital ». En réalité, *Revier* désigne en langage militaire une infirmerie où le malade est éventuellement gardé pour un court séjour. En effet, n'oublions pas que selon Heinrich Himmler, le grand maître du système concentrationnaire, il n'existait dans les camps que « le travail ou la mort ». Celui qui était hospitalisé au *Revier* courait à tout moment le risque d'être considéré comme « inutile » et « éliminé » ; aussi les détenus préféraient-ils — quand ils en avaient la force — s'en tenir à la simple consultation (*Ambulanz*) où ils étaient tant bien que mal « rafistolés » avant d'être renvoyés dans leur bloc.

131. Il s'agit du capo Hermann, qui porte le 'triangle vert » des prisonniers de droit commun.

132. Bassin en bakélite pour recueillir les excréments et dont la forme rappelle celle de l'instrument de musique.

133. Cf. note 130.

134. On se souvient que, à Ebensee, les concentrationnaires perçaient dans les falaises des tunnels pour enterrer les usines d'armement (voir note 2).
135. Le crématoire d'Ebensee, construit comme tous les crématoires par l'entreprise J.A. Topf & fils d'Erfurt, sera opérationnel à partir du 4 août 1944. Jusqu'à cette date, les cadavres d'Ebensee étaient envoyés pour incinération à Mauthausen.
136. René Quenouille, médecin-commandant dans l'armée française ; déporté à Ebensee, il obtiendra du médecin-chef du camp, Willi Jobst (voir pp. 48 et 51), que les malades ne soient plus exécutés par injection de benzine, pratique qu'affectionnait l'infirmier en chef *SS* Schilling (cf. p. 49 *sq.*) ; transféré à Neuengamme, près de Hambourg, le docteur Quenouille sabotera avec le professeur Florence les expériences médicamenteuses que des firmes pharmaceutiques effectuaient sur des enfants juifs (apparemment pour la mise au point de vaccins antituberculeux). Tous deux, ainsi que les enfants-cobayes, furent assassinés peu avant l'évacuation du camp.
137. Il s'agit d'Otto Riemer qui, onze jours auparavant, avait fait dévorer par son dogue un jeune Italien de 18 ans, Danielo Veronesi, pour tentative d'évasion.
138. L'arrivée d'un convoi de Juifs était fréquemment l'occasion de manifestations de ce type, censées apporter quelque « distraction » aux détenus... François Wetterwald s'insurge contre l'antisémitisme qui régnait toujours au coeur du système concentrationnaire.
139. En réalité (cf. note 122) le « doyen en second du camp » (« *zweiter Lageraltester* »), donc un prisonnier. Ce qui a par-dessus tout traumatisé François Wetterwald, c'est que des détenus, dès lors qu'ils étaient investis de fonctions par les *SS*, n'aient eu aucun scrupule à rivaliser d'inhumanité avec eux, voire à être pires qu'eux (cf. la phrase qui va suivre : « Les *SS* sont absents... »).
140. Les Tziganes portaient un triangle marron. Ils furent au minimum 220 000 à disparaître dans les camps. À propos de ce génocide peu étudié, voir Claire Augias, *Samudaripen*, Éditions l'Esprit frappeur, 2000, ainsi que la thèse soutenue le 28 novembre 2000 par l'historien André Rosenberg à Paris I/Sorbonne.
141. Dans les douches étaient parfois organisées des « actions baignade » (« *Badeaktion* ») au cours desquelles des détenus étaient noyés à l'aide d'un jet d'eau froide glacé sous pression par un « maître-nageur » (« *Bademeister* »).
142. Entreprise française sise à Corbeil dans l'Essonne, spécialisée dans la fabrication de voies ferroviaires étroites utilisées dans les exploitations minières.
143. Le docteur Wetterwald veut dire « doyens de bloc » (cf. note 122).
144. Il s'agit en réalité des « doyens de camp en premier et en second » (cf. note 122).
145. Surnommé « King-Kong » par les détenus. Le célèbre film réalisé par E.B. Schoedsack en collaboration avec M. Cooper d'après le roman d'Edgar Wallace était sorti sur les écrans en 1933.
146. « Nuit des longs couteaux » (« *Nacht der langen Messer* ») est le nom donné à la purge du 30 juin 1934 au cours de laquelle fut éliminée par les *SS* la tendance « socialisante » du Parti nazi qui reprochait au *Führer* son alliance avec les milieux d'affaires et exigeait — alors que celui-ci avait proclamé la « fin de la révolution nationale » (6 juillet 1933) — une « seconde révolution », à savoir le démantèlement du capitalisme conformément au point 11 du programme de 1920

de la *NSDAP*. La purge fit officiellement 80 morts dans les rangs de la « gauche nationale-socialiste » (G. Strasser, E. Röhm et les chefs *SA*) mais, d'après des recherches effectuées dans les années 1980, ce chiffre peut être multiplié par deux. Tel Magnus Keller, de nombreux *SA* furent envoyés en camp de concentration.

147. Pseudonyme de l'écrivain et caricaturiste de Colmar, Jean-Jacques Waltz (1872-1951), critique féroce dès les années 1900 de l'occupant allemand en Alsace.

148. Cf. note 143.

149. Donc, pour respecter la terminologie concentrationnaire officielle, « doyen de camp en troisième ».

150. Voir note 122.

151. En raison des réquisitions par l'industrie de guerre, notamment pour la fabrication de câbles électriques, interrupteurs, contacteurs, échangeurs, refroidisseurs, etc...

152. Le *Lied* (pluriel *Lieder*), tel que défini par G. Kars (*Lieder de Schubert*, Encyclopédie sonore Hachette, 1960), « est une création si typiquement germanique que pour le désigner les autres peuples se résignent à employer le terme dans la langue originale ». Il s'agit toujours de poèmes de haute valeur littéraire auquel on amalgame étroitement une mélodie hautement expressive, mais toutefois assez simple pour être reprise par le peuple. Kars affirme que ce genre a « une date de naissance très précise : le 19 octobre 1814. Ce jour-là, un adolescent de dix-sept ans (Schubert, T.F.) mit en musique un célèbre texte de Goethe : *Marguerite au rouet* ». Par la suite, Schubert (1797-1828) composera des centaines de *Lieder*, essentiellement goethéens. Il trouvera un brillant continuateur en la personne de Schumann (1810-1856), inspiré notamment par Heinrich Heine. Pour sa part, le compositeur Felix Mendelssohn-Bartholdy (1809-1847) signera plusieurs *Wanderlieder* (chants de randonnée) sur des textes de Joseph von Eichendorff, pourfendeur de l'existence bourgeoise et fervent militant du retour à la nature (voir son récit de 1826, *Scènes de la vie d'un propre à rien*, sans doute l'ouvrage le plus célèbre de toute la littérature romantique). Les *Lieder* entrés dans le répertoire folklorique d'outre-Rhin — et aujourd'hui encore fréquemment chantés en choeur — sont appelés *Volkslieder.* Dans le contexte de l'exaltation des valeurs dites « Sanso » (*Blubo = Blut und Boden* = Sang et Sol) prônées par l'idéologie nazie, le *Volkslied* connut sous le troisième Reich une véritable ferveur en tant qu'expression authentique de « l'âme raciale populaire » (*Volskseele*) germanique, ce qui imposa que ceux qui émanaient de « Juifs » (Heine, Mendelssohn-Bartholdy) soient désormais considérés, selon le cas, comme étant « d'auteur inconnu» ou de « compositeur inconnu ».

153. Voir page 42.

154. En réalité, il s'agissait du même gaz. Dès 1923, un produit de désinfection connu sous le nom de « Zyklon B », et mis au point par la firme francfortoise *Degesch* (= Société allemande de lutte contre les parasites) qui dépendait d'*IG-Farben*, fut couramment utilisé dans l'armée et la marine. Testé en 1941 sur les humains à Auschwitz avec des résultats prometteurs pour une extermination massive, le « Zyklon B » fut dès lors adopté dans la plupart des camps possédant une chambre à gaz. Pour plus de détails à ce sujet, voir l'article de Georges

Wellers (physiologiste à la Faculté de médecine de Paris, déporté à Auschwitz et Buchenwald) in E. Kogon *et al.*, *Les Chambres à gaz, secret d'État*, Éditions de Minuit, 1984, pp. 256-260.

155. Dans la légende germanique, les Walkyries (*Walküren*) étaient chargées par le dieu Wotan de descendre sur terre pour ramener au Walhalla les héros morts au combat ; par extension : une grande femme (généralement blonde), robuste et décidée.

156. Allusion à la célèbre « *deutsche Gründlichkeit* » selon laquelle le propre du caractère germanique serait en tout domaine de toujours exécuter son travail méthodiquement et sans jamais rien négliger.

157. Pour toutes les mesures qu'ils adoptaient, les nazis mettaient en avant la priorité de l'intérêt communautaire (« *Gemeinnutz* ») sur l'intérêt particulier (« *Eigennutz* ») ; ce principe, qui avait force de loi et dont le non-respect était sévèrement puni, leur permettait évidemment d'imposer tout ce qu'ils voulaient (cf. T. Feral, *Justice et nazisme*, L'Harmattan, 1997, chap. 3).

158. Cf. p. 39.

159. Voir note 121.

160. Autrement dit les Témoins de Jéhovah (*Bibelforscher*) qui, effectivement, refusaient de reconnaître l'autorité du *Führer* et de saluer à l'hitlérienne, de servir dans l'armée ou de travailler pour l'industrie de guerre. Voir à ce propos S. Graffard et L. Tristan, *Les Bibelforscher et le nazisme. Ces oubliés de l'histoire*, Éditions Tiresias Michel Reynaud (B.P. 172, 75925 Paris Cedex 19), s.d. ; bien que sérieusement documenté, cet ouvrage omet de signaler que, le 25 juin 1933 — donc un mois avant l'interdiction définitive du mouvement sur l'ensemble du territoire du Reich —, le présidium des Témoins de Jéhovah avait adressé un courrier à Hitler pour lui préciser qu'ils n'étaient « ni juifs, ni communistes » et qu'ils militaient « pour le maintien de l'ordre et de la sécurité de l'État, ainsi que pour la promotion des idéaux élevés du gouvernement national ». Cf. également G. Canonici, *Le Témoins de Jéhovah face à Hitler*, Albin Michel, 1998.

161. La désignation officielle de cette catégorie était « émigrant » (*Emigrant*) ; il s'agissait de républicains espagnols, réfugiés et internés en France après la victoire de Franco ; ils furent environ 7800 à être déportés à Mauthausen entre août 1940 et octobre 1942 ; il y avait parmi eux de nombreux adolescents.

162. Cette douloureuse question a été remarquablement étudiée par Florence Tamague dans son *Histoire de l'homosexualité en Europe*, Seuil, 2000. Voir aussi : H. Heger, *Les Hommes au triangle rose. Journal d'un déporté homosexuel*, Persona, 1981.

163. Ce jugement, qui n'engage que François Wetterwald, est abusivement généralisateur et doit être restreint aux détenus allemands « verts » qui occupaient des postes de responsabilité dans le camp ainsi qu'à quelques rares *SS* (voir note 165) qui osaient défier la disposition du 15 novembre 1941 prévoyant l'exécution immédiate de tout membre de ce corps convaincu de « fornication contre-nature » (cf. G. Grau, in A. Thom, G.I. Caregorodcev, *Medizin unterm Hakenkreuz*, Berlin, Verlag Volk und Gesundheit, 1989, p. 101) ; en 1943, cette disposition fut étendue à la *Wehrmacht*.

164. Palefrenier dans une écurie de chevaux de course.

165. En se comportant ainsi, le sergent *SS* Deutschmann, infirmier en chef du Revier, risquait en principe la peine de mort (voir note 163) ; François Wetterwald indique simplement (cf. p. 39) qu'il « fut déplacé » sous prétexte de vol... Dans *L'État SS* (Seuil/Politique, 1970, p. 54), Eugen Kogon relate comment, à Buchenwald, le *SS* Zöllner, un chef de bloc (*Blockführer*) surnommé « Tante Anna » par les détenus, fut condamné pour homosexualité et se pendit dans sa cellule.
166. Cf. pp. 43-44.
167. Cf. note 136 et pp. 49-51.
168. Affluent du Danube qui traverse le Traunsee, en amont duquel se trouvait le camp d'Ebensee.
169. Grade équivalent à capitaine.
170. Voir p. 41.
171. Cf. p. 40.
172. Conformément à l'ordre édicté le 30 avril 1942 par le chef de l'Office central de gestion économique de la *SS* (*SS-WVHA*), Oswald Pohl : « Seul le commandant du camp est responsable du travail dont est chargée la main-d'oeuvre. Ce travail doit être épuisant au sens plein du terme afin d'obtenir le rendement maximum » (cit. in W. Michalka, *Das Dritte Reich*, vol. 2, Munich, DTV, 1985, p. 244). Voir à ce propos mon bref article : « Le système concentrationnaire. Un esclavagisme industriel dans l'Europe du XXe siècle », in H.A. Amar, T. Feral, M. Gillet, J. Maucourant, *Penser le nazisme. Éléments de discussion*, L'Harmattan, 2007, pp. 155-162.
173. Cf. note 169.
174. Les Sudètes (*Sudetenland*) — ou Bohême allemande (*Deutschböhmen*), territoire appartenant à la Tchécoslovaquie et peuplé majoritairement d'Allemands (environ 3,3 millions) — furent cédées au *Reich* par Chamberlain et Daladier lors du Traité de Munich du 30 septembre 1938 sous prétexte de sauver la paix en Europe et contre la simple promesse au gouvernement tchécoslovaque d'intervenir militairement si Hitler cherchait à aller plus loin. On sait que ce ne fut pas le cas et que les troupes allemandes entrèrent tranquillement à Prague le 15 mars 1939, d'autant que le dès le 7 octobre 1938, après la démission du président Edvard Bénès auquel avait succédé le faible Emil Hacha, la Slovaquie avait proclamé son autonomie sous l'égide de Mgr Joseph Tiso, entièrement dévoué au *Reich*. Pour le détail, voir C. Bloch, *Le IIIe Reich et le monde*, Paris, Imprimerie nationale, 1986, pp. 275-311.
175. Voir note 136.
176. Grade équivalent à sergent.
177. Abréviation de *Sanitätsdienstgrad*, mot à mot « gradé sanitaire ». Certains d'entre eux, indique Eugen Kogon (*L'État SS*, Seuil/Politique, 1970, p. 151) « ont acquis dans quelques camps une sinistre réputation. À Buchenwald, le *SDG* le plus connu était l'adjudant Wilhelm, un homme de près de soixante ans, grand, solide et imbibé d'alcool, qui avait pour tâche, entre autres, de remplacer le médecin du camp pour tuer des prisonniers par une injection de poison ». Kogon poursuit (p. 155) : « Un jour, un infirmier menait un malade au bain. Wilhelm les remarqua, et il cria à l'infirmier : „ Qu'est-ce qui te prend de baigner une épave

pareille ? Nous en ferons du savon ! " Il nota le matricule du malade qui fut rapidement „expédié" dans la soirée ».

178. Grade équivalent à caporal-chef.

179. C'est-à-dire chargé de la « gestion du stock des malades », de statuer sur leur sort en fonction de leur état, et de veiller à la bonne tenue des registres (en falsifiant si nécessaire les causes de décès).

180. La Roumanie avait une population de 19 millions d'habitants, dont 760 000 Allemands, en grande majorité favorables à Hitler ; depuis l'instauration en septembre 1940 de la dictature fasciste du général Ion Antonescu, elle était entièrement subordonnée au *Reich.*

181. Du grec *kachexia*, état extrême de maigreur et d'affaiblissement physique dû aux carences alimentaires. D'après des témoignages, certains concentrationnaires étaient tellement squelettiques qu'ils pouvaient dormir à cinq sur un étage de châlit de 80 cm de large en se serrant tête-bêche (cf. *Le Bataillon d'Eysses*, Paris, Amicale des anciens détenus patriotes de la centrale d'Eysses, 1962, p. 165).

182. Le personnel médical bénéficiait donc d'un statut relativement privilégié par rapport aux détenus « ordinaires ». Pour ceux-ci, si l'appel du matin n'excédait généralement pas 45 minutes vu qu'ils devaient aller le plus vite possible au travail, la « cérémonie » du soir sur *l'Appellplatz* était une épreuve qu'aucun rescapé n'a jamais pu oublier : station debout interminable sous la pluie ou dans la neige sous le faisceau de projecteurs, mitrailleuses braquées du haut des miradors, insultes, coups et humiliations diverses, « spectacle » de châtiments corporels ou d'exécutions...

183. Voir note 96.

184. Le camp d'Ebensee n'ayant été mis en service qu'en novembre 1943, les Espagnols « depuis [...] quatre ans [...] dans ce bagne » dont parlent ici François Wetterwald — donc arrivés à partir de l'été 1940 (cf. note 161) — avaient été précédemment internés à Mauthausen.

185. Auteur de *La Pratique dentaire dans les camps du troisième Reich* (L'Harmattan, 2002) et de *Les Dentistes allemands sous le troisième Reich* (ibid., 2005), le chirurgien-dentiste Xavier Riaud a montré dans une thèse en épistémologie, soutenue à Nantes le 6 février 2007 et publiée en juin 2008 par l'Atelier national de reproduction des thèses à Lille, ce que furent les prémices de la récupération systématique par le Bureau central de gestion économique de la *SS* (*SS-Wirtschafts-Verwaltungshauptamt*, dirigé par Oswald Pohl) de l'or dentaire sur les morts des camps. Alors que l'on place communément à l'origine de ce programme le traité de 1940 du dentiste Viktor Scholz, *Sur la possibilité de réutilisation de l'or contenu dans la bouche des morts* (*Über die Moglichkeit der Wiederverwendung des Goldes im Munde der Toten*), ce sinistre projet avait en réalité vu le jour dès 1925, très précisément avec un article intitulé « L'or des morts » (« *Das Gold der Toten* »), paru dans le numéro 39 de la revue professionnelle *Zahnärztliche Rundschau*, dans lequel un autre dentiste, Albert Werkenthin, posait la question du devenir, « lorsqu'un être humain meurt avant d'avoir perdu la totalité de sa dentition, [...] de l'or et du platine fixés à, dans et sur ses dents, par le biais d'obturations, couronnes et bridges ». Estimant que leur perte définitive ou leur vol par les fossoyeurs ou les autorités religieuses représentaient pour la communauté un préjudice financier de plusieurs millions de marks, il proposait d'instituer pour chaque individu une « carte des valeurs qu'il porte en bouche » afin d'en faciliter la récupération au décès. Dès lors, le débat sera ouvert entre opposants (au nom de l'éthique hippocratique = respect dû à tout individu) et partisans (au nom du *Gemeinnutz* = intérêt communautaire) de la position de Werkenthin, laquelle s'imposera à partir de l'accession de Hitler au pouvoir. La question sera tranchée le 23 septembre 1940 par une directive de Himmler concernant les victimes de la *T4* (euthanasie des malades mentaux) et des concentrationnaires (alors allemands ou autrichiens) ; il y était précisé qu'il n'était pas question de restituer l'or dentaire aux familles qui en feraient la demande, la réponse devant être que « l'incinération du corps rend[ait] la restitution impossible ». Le 23 décembre 1942, une nouvelle directive érigera en règle absolue la récupération de l'or dentaire dans les camps de concentration et d'extermination afin de fournir aux caisses du Reich des capitaux supplémentaires pour l'importation de matériel militaire. Comme l'ont documenté Werner Rings (*L'Or des nazis*, Lausanne, Payot, 1985) et Philippe Marguerat, (« Or allemand – Or allié, 1940-1945 », in *Revue suisse d'histoire*, vol. 47, n° 1), ce sont les banques helvétiques qui se chargeront des transactions.

186. « Reste ! »

187. « À évacuer ! »

188. J'ai quelque peu retouché ce passage qu'une erreur de composition de l'imprimeur rendait difficilement compréhensible.

189. Code de comportement des médecins le plus connu — mais non le plus ancien —, élaboré à l'origine pour présider à l'enseignement de l'école grecque de médecine de l'île de Cos fondée autour de 420 av. J.-C. par celui que l'on appellera « le père de la médecine « . Le serment d'Hippocrate est toujours prêté par les étudiants en médecine lors de la soutenance de leur thèse d'exercice. Pour plus de détails sur les convictions humanistes qui doivent guider tout praticien dans son exercice, voir H. Brunswic et M. Pierson, *Initiation à l'éthique médicale*, Vuibert, 2002.

190. Ancienne place de Paris en bord de Seine, près de l'hôtel de ville (4e arrondissement), où les condamnés subissaient leur peine en public.

191. L'humour noir dont fait preuve ici François Wetterwald n'est pas sans évoquer ce que dira Sigmund Freud à l'annonce de l'autodafé de ses ouvrages par les nazis, le 10 mai 1933 : « Que de progrès accomplis ! Au Moyen-Âge, c'est moi qu'ils auraient brûlé. Aujourd'hui ils se contentent de brûler mes livres ! ».

192. Le « département politique » (*Politische Abteilung*) dépendait de la *Gestapo*. Pour Mauthausen et ses dépendances, il était dirigé par le capitaine *SS* Karl Schulz, un ancien fonctionnaire de la police criminelle de Cologne. Le « département politique » gérait l'ensemble des dossiers des détenus mais aussi de tous les *SS* présents dans le camp et ses annexes.

193. Un représentant d'une des entreprises industrielles présentes sur le site du camp.

194. Cf. pp. 43-44.

195. Le détenu Magnus (cf. pp. 43-44) est en réalité « doyen du camp » (*Lagerältester*). Le « chef du camp » (*Lagerführer*) est l'officier SS Gams (cf. pp. 47-48).

196. Voir p. 45, « Le Don Juan ».
197. Il s'agit de l'orchestre dirigé par Karl ; cf. p. 44.
198. Voir pp. 64-65.
199. Des rubans.
200. Voir note 84.
201. Péninsule des Dardanelles où, en 1915, des unités françaises étaient intervenues contre la Turquie, alliée des Allemands et des Autrichiens.
202. « La Madelon vient nous servir à boire, sous la tonnelle on frôle son jupon... », célèbre chanson des soldats français durant la Première Guerre mondiale.
203. Cf. p. 46.
204. Ibid.
205. Ou Caryatides (grec *Karyátides*). En raison de son alliance avec les Perses, la ville de Carie (*Karýai*) en Péloponnèse fut prise et ruinée par les Athéniens ; toute la population féminine, parée de ses plus beaux atours, fut emmenée en esclavage ; afin que l'exemple de ce châtiment reste à tout jamais un avertissement pour ceux qui oseraient encore défier le pouvoir athénien, les architectes remplacèrent les colonnes traditionnelles des édifices publics par des statues représentant les femmes de Carie (voir le portique de l'Erechthéion sur l'Acropole). Ce type d'ornementation, que l'on retrouvera dans le néoclassicisme, prendra communément le nom de cariatides.
206. Ou aruspice (latin *[h]aruspex*) ; devin qui effectuait ses prédictions en examinant les viscères des morts.
207. À cette époque, où n'existait pas encore d'évaluation continue, les lycéens avaient, une fois par trimestre, une composition (dite « compo ») dans les différentes matières au programme. Il fallait alors réviser tout ce qui avait été étudié. Le palmarès de la « compo » était énoncé devant la classe en présence du proviseur (« protal »), du censeur (« cencul », aujourd'hui proviseur-adjoint), et du surveillant général (« surgé » = CPE). Ce cérémonial était l'occasion de commentaires individuels très redoutés, voire de la distribution de plusieurs « dimanches de colle » pour ceux qui étaient jugés ne pas avoir assez travaillé. Les élèves qui, sur les trois trimestres, avaient brillé dans une matière, recevaient dans l'ordre de leur mérite lors de la cérémonie solennelle des prix de fin d'année (qui rassemblait sur la tribune, outre l'ensemble de l'administration et des professeurs de l'établissement, tout ce que la ville comptait comme personnalités civiles et militaires) un «premier prix », un « deuxième prix », ou un « accessit » (en général des livres). L'élève qui, sur l'année scolaire, avait obtenu les meilleurs résultats de sa classe, se voyait gratifié du « prix d'excellence ».
208. Censés assurer le renouvellement des cadres de la société « bourgeoise », le lycée et l'université — dont le baccalauréat (« bachot ») constituait le sésame — avaient jusque vers 1950 un recrutement très élitiste. Comme l'écrivait le philosophe Edmond Goblot en 1925, « devenir bachelier » signifiait le franchissement d'une barrière qui permettait d'échapper à la condition de paysan, d'ouvrier, d'employé chez un artisan ou un commerçant. L'examen se déroulait alors en deux parties : l'une que l'on passait en fin de classe de première, l'autre en fin de classe terminale, avec une session en juillet, et une « de rattrapage » en septem-

bre. Les « recalés » de juillet étaient fréquemment envoyés durant l'été — par les parents qui en avaient les moyens — dans une « boîte à bachot » privée.

209. Voir p. 44.

210. Isaac Albéniz (1860-1909), Manuel de Falla (1876-1946), compositeurs espagnols.

211. Pièce du compositeur romantique allemand Carl Maria von Weber (1786-1826).

212. Prononcé « *jawọll* ! » (normalement « *jawo̱hl* ! ») : « À vos ordres ! ».

213. Voir note 136.

214. Inculpé de haute trahison en tant qu'officier d'active engagé dans la Résistance, le docteur Quenouille avait été condamné à être fusillé ; on ne sait trop pourquoi, la sentence n'avait pas été appliquée et il avait été déporté. Mais le jugement était toujours exécutoire...

215. À la demande d'un jeune médecin *SS* affecté à ce camp et qui, à l'occasion d'un « stage » à Ebensee lors de ses études, avait énormément appris du docteur Quenouille.

216. François Wetterwald est mal informé. Si en avril 1945 les détenus du camp de Neuengamme furent effectivement évacués sur la rade de Lübeck (mer baltique) et embarqués à Neustadt sur trois bateaux qui furent coulés le 3 mai par un bombardement britannique (plus de 7000 victimes), le docteur Quenouille, comme on l'a vu (note 136), avait pour sa part déjà été assassiné.

217. Voir notes 161 et 184.

218. Déclenchée durant l'été 1936 par le putsch du général Francisco Franco Bahamonde (dit Franco) contre le gouvernement de front populaire de la seconde République espagnole, la guerre civile d'Espagne se terminera en 1939 avec l'établissement de la dictature franquiste. La répression contraindra les républicains à chercher refuge à l'étranger.

219. Le 2 mai 1938, trois semaines après la formation du ministère Daladier, un décret est adopté pour durcir les conditions de séjour des étrangers en France ; en décembre de nombreux émigrés « indésirables » sont arrêtés ; le 21 janvier 1939, ils sont envoyés dans un camp de rassemblement à Rieucros en Lozère. Le 27 janvier, le gouvernement Daladier reconnaît le gouvernement Franco ; le 9 février, des camps d'internement pour les républicains espagnols et les combattants des Brigades internationales qui passent en France sont créés à Gurs et Le Vernet dans les Pyrénées Atlantiques, ainsi qu'à Argelès et Saint-Cyprien dans les Pyrénées orientales ; à partir de septembre, on y enfermera également les exilés antifascistes allemands et autrichiens en tant que « ressortissants d'une puissance ennemie » ; de nombreux autres camps seront alors installés sur le territoire français : Les Milles près d'Aix-en-Provence, Nexon près de Limoges, etc.... Le 22 juin 1940, cinq jours après la capitulation de la France, le maréchal Pétain signe l'armistice dont l'article 19 prévoit l'extradition des antifascistes sur simple demande des autorités allemandes. En octobre 1940, sous le gouvernement de Vichy, ce sont les Juifs qui à leur tour sont internés... Resté tabou jusqu'au tournant des années 1980, le sujet (voir bien sûr l'incontournable David Peschanski, *La France des camps*, Gallimard, 2002) avait été évoqué dès 1972 — sur le mode anarchiste qui lui était familier — par Alphonse Boudard (in *L'Hôpital*, La Table ronde, p. 158) : « Salvador Xiberta, il s'appelle [...]. Plus souvent il reste silencieux [...], mais de temps en temps [...], il explose... [...] Je vais tout savoir de la guerre civile espagnole [...]. Sa tubardise, il l'a chopée, lui, au camp de Gurs en 39... Il a réussi de justesse à se faire la belle avant qu'on le livre aux Allemands. On se souvient mal en France de nos petites et grandes infamies... la façon dont on a reçu les réfugiés espagnols. Nos camps pyrénéens où il ne manquait en somme que les fours crématoires... on était en retard techniquement là aussi... un point c'est tout ».

220. Si l'on se fie aux statistiques établies par Hans Maršálek (*Die Geschichte des Konzentrationslagers Mauthausen*, op. cit.), le premier chiffre est exagéré (autour de 7800) et correspondrait en réalité au nombre global des Espagnols déportés dans les camps nazis (Dachau, Buchenwald...) ; par contre le second concorde, ce qui rend en pourcentage le sort des Espagnols encore plus tragique (38,5 contre 21,4).

221. Cf. pp. 39 et 46.

222. Voir p. 49.

223. Par les Américains, le 6 mai 1945, en début d'après-midi ; il y avait alors à Ebensee environ 18 000 détenus.

224. Cf. pp. 45-46, 50, 53-54.

225. La salle des lavabos.

226. Destitué le 25 juillet 1943 et mis en résidence surveillé au coeur des Apennins d'où il a été libéré le 12 septembre par un commando parachutiste allemand, Mussolini voit son pouvoir cantonné à la petite République de Salò, sur le Lac de Garde. L'Italie, dirigée désormais par le gouvernement provisoire du maréchal Badoglio, a signé en septembre un armistice avec les Alliés et déclaré la guerre à l'Allemagne qui l'a occupée.

227. À l'évidence, François Wetterwald rapporte ici (cf. les guillemets) la réponse faite par le capo Otto Niedrig (voir pp. 45-46, 53-54, 62) alors qu'il venait de lui demander de faire preuve d'un peu de pitié envers un malade du *Revier*.

228. Camp édifié près de Weimar à partir de l'été 1937 dans le but d'exploiter la force de travail des détenus dans des usines d'armement (cf. E. Kogon, *L'État SS*, op. cit.) et qui devint réellement opérationnel en 1939 (en novembre, environ 12 600 prisonniers allemands et autrichiens — mais aussi tchèques et polonais — au nombre desquels 2400 Juifs) ; avec les arrestations et les déportations conduites à partir de l'été 1940 dans les territoires occupés (Danemark, Norvège, Hollande, Belgique, France, etc...), on dénombrera fin 1944 à Buchenwald 32 nationalités.

229. Volontairement « raconté avec un détachement incroyablement suggestif et glaçant », comme l'écrivit Kurt Tucholsky (in *Weltbühne*, 3 juin 1920) à propos de *La Colonie pénitentiaire* de Kafka, ce texte mériterait d'être commenté dans les lycées lors de la journée du souvenir de la déportation.

230. Surnom tiré de *Krema*[*torium*], autrement dit « Franz le crameur» qui, entre début août 1944 et fin avril 1945, instrumentalisera environ 8200 incinérations.

231. Voir note 135.

232. Entre mai et octobre 1941.

233. À partir de mars 1940, dans la foulée de « l'action contre l'intelligentsia » (*Intelligenz-Aktion*) conduite en Pologne par des « groupes d'intervention » (*Ein-*

satzgruppen) sur ordre de Reinhard Heydrich entre octobre et novembre 1939 (assassinat de 60 000 médecins, juristes, enseignants, cadres, notables).

234. À partir d'octobre 1941. Le « convoi soviétique » du 20 octobre 1941 s'élèvera à 2205 prisonniers, celui du 24 octobre 1941 à 2000... Toutefois, entre ses deux dates, il fut décidé de stopper les exécutions systématiques pour envoyer « les Russes crever à la carrière »...

235. Le colonel *SS* Franz Ziereis (1905-1945). Ancien menuisier, engagé dans l'armée en 1924, Ziereis rejoint la *SS* dans les années 1930 ; considéré comme un élément d'élite par Himmler, il est nommé à la tête du camp de Mauthausen en février 1939 ; le 23 mai 1945, alors qu'il va être arrêté par les Américains, il tente de s'enfuir et est abattu.

236. Par exemple : le 9 mai 1942, gazage de 208 prisonniers soviétiques, 24 exécutions ; le 25 septembre 1944, gazage de 125 prisonniers soviétiques et d'un détenu polonais ; le 14 avril 1945, gazage de 250 hommes, femmes et enfants viennois en représailles d'actes de résistance ; le 24 avril 1945, gazage de 239 malades incurables... On retiendra également à l'actif de Ziereis l'assassinat par le froid (à la mi-février 1945, deux jours et trois nuits debout dehors par −7°) de 200 malades et vieillards en provenance du camp de Sachsenhausen (près de Berlin).

237. Pour réaliser pleinement à quel type de « scènes violentes et inoubliables » François Wetterwald fait allusion, la lecture de la pièce de Peter Weiss, *L'Instruction* (1965), reste un document incontournable. Comme ont pu l'écrire J. Chassard et G. Weil dans leur *Dictionnaire des oeuvres et thèmes de la littérature allemande* (Hachette, 1973, pp. 140-141) : « Peu d'oeuvres de l'après-guerre ont su faire revivre, avec un tel réalisme presque insoutenable, les horreurs des camps d'extermination, le sadisme bestial des bourreaux et les indicibles souffrances des victimes ».

238. Du latin *collapsus est*, qui s'est s'écroulé comme une masse ; perte subite de connaissance par suite d'une défaillance circulatoire et d'un manque d'irrigation du cerveau.

239. Non par quelque sursaut humanitaire, mais en application de la circulaire adressée le 5 décembre 1941 à tous les commandants des camps les rendant responsables du rendement des prisonniers (in W. Michalka, *Das Dritte Reich*, vol. 2, Munich, DTV, 1985, p. 239). Voir également note 172.

240. Formé sur le mot latin *salus, salutis*, la santé ; on dirait aujourd'hui « le personnel soignant ».

241. À Auschwitz, où il avait été nommé fin mai 1943, l'ignoble docteur Mengele, tristement célèbre pour ses « expériences » sur les jumeaux (cf. le témoignage de Simone Lagrange, in *Médecine et nazisme*, L'Harmattan, 1998, pp. 117-119), s'adressait couramment aux détenus en leur disant : « Viens ici squelette, ne te gêne pas ».

242. C'est-à-dire à l'hôpital.

243. « Vite, vite ! » ; on disait aussi « *Dalli, dalli* ! », ou encore « *Wenga, wenga* ! ».

244. Cf. p. 48.

245. Pâle et jaunâtre.

246. Le 3 mars 1945.

247. L'orthographe exacte est Groß-Rosen ; camp ouvert en 1940 dans la région de Breslau (aujourd'hui Wroclaw) en Silésie du Nord. L'évacuation commença début février 1945.
248. Ernest Meissonier (1815-1891), peintre académique auteur de scènes de guerre très réalistes.
249. Victoire de Napoléon 1er en Prusse, le 8 février 1807, où il y eut 45 000 tués.
250. On reste sidéré d'apprendre régulièrement par des reportages télévisés que, aujourd'hui encore, l'argile, mêlée à un peu d'une quelconque farine, est toujours utilisée comme substitut nutritif par les populations frappées par la famine.
251. Il existait donc déjà à l'époque une « obsession de la chimie » dans l'alimentation. Concernant la margarine, corps gras obtenu par durcissement des huiles liquides et commercialisé dès la fin du XIXe siècle pour remplacer le beurre qui était trop cher pour les familles ouvrières (c'est dans le même esprit que le chimiste Justus von Liebig avait inventé l'extrait de viande pour enrichir les soupes), il s'agissait d'une légende lancée par les laitiers afin de contrecarrer la concurrence.
252. Formé à partir du verbe allemand « *schonen* », prendre soin de, traiter avec ménagement...
253. Avant l'ouverture de Rungis (Val-de-Marne) en 1969, le marché en gros de Paris se trouvait aux Halles ; un fort des Halles était capable de porter sur son dos jusqu'à 200 kg de marchandises, notamment des quartiers de boeuf.
254. Au sens premier, grand bouclier sur lequel un roi était porté pour être acclamé par le peuple. Ici, une civière faite de planches appelée « *Trage* » (du verbe « *tragen* », porter).
255. Dans une fosse commune (« *Massengrab* »). On trouve de nombreux témoignages et documents photographiques confirmant les pratiques décrites par le docteur Wetterwald dans *Faschismus*, Berlin & Hambourg, Elefanten Press, 1976, annexe « Konzentrationslager ».
256. On est en 1944 et les événements défavorables au *Reich* se précipitent (cf. T. Feral, *Le national-socialisme. Vocabulaire et chronologie*, L'Harmattan, 1998, p. 255 *sq.*). Pourtant, il s'écoulera encore une année entière (5 mai 1945) avant que le camp d'Ebensee soit libéré.
257. Les troupes soviétiques atteignent la Pologne, entrée des Alliés dans Rome , débarquement de Normandie...
258. Le 26 août, le général de Gaulle a descendu les Champs-Élysées.
259. L'armée allemande se réorganise ; toute la population allemande est mobilisée (*Volkssturm*) dans le cadre de la « guerre totale » dirigée par Goebbels.
260. Offensive allemande dans les Ardennes ; en Italie du Nord, les Alliés sont bloqués sur la ligne Ravenne-Carrare.
261. Défaite allemande dans les Ardennes ; les troupes soviétiques entrent à Varsovie ; les Alliés franchissent le Rhin...
262. C'est-à-dire la France.
263. Certains avaient quittés le camp en tenue civile pour se cacher. Les autres, la majorité, affectés à des unités combattantes afin de mener une ultime résistance, furent fait prisonniers par les Américains. L'ordre de faire sauter les galeries, après y avoir regroupé les concentrationnaires, ne fut pas exécuté.
264. Voir pp. 45-46, 50, 53-54, 62.

265. Voir pp. 46, 54.
266. Allusion au « jeu de massacre » des foires où l'on « déquillait » à l'aide de projectiles des figurines à l'effigie de personnalités.
267. Voir pp. 41, 46.
268. Dans la liturgie catholique, oraison prononcée à voix basse par le prêtre.
269. C'est-à-dire ayant contraint des détenus à se « suicider » dans les barbelés électrifiés qui entouraient le camp (« *Freitod durch Elektrozaun* »). Cf. pp. 40 et 47.
270. Voir note 141.
271. Sur ce phénomène de régression caractéristique de la désintégration de la personnalité psychologique et morale dans cette situation extrême que représentait le camp de concentration nazi, voir Bruno Bettelheim, *Survivre*, Robert Laffont, 1979 (en poche chez Hachette/Pluriel).
272. En langage militaire, tranchée creusée dans la terre dans laquelle les soldats assouvissaient leurs besoins naturels.
273. On se souvient (cf. p. 11) que Baudelaire est une des références du docteur François Wetterwald, tout comme Flaubert (cf. p. 73). Or, signale Jean-Paul Sartre (in *Baudelaire*, Idées/Nrf, 1963, p. 202), le premier avait écrit au second en 1860 : « *De tout temps j'ai été obsédé par l'impossibilité de me rendre compte de certaines actions ou pensées soudaines de l'homme sans l'hypothèse de l'intervention d'une force méchante. extérieure à lui.* » Et dans les *Petits poèmes en prose* : *J'ai été plus d'une fois victime de ces crises et de ces élans qui nous autorisent à croire que des démons malicieux se glissent en nous et nous font accomplir, à notre insu, leurs plus absurdes volontés... L'esprit de mystification... participe beaucoup... de cette humeur, hystérique selon les médecins, satanique selon ceux qui pensent un peu mieux que les médecins, qui nous pousse sans résistance vers une foule d'actions dangereuses ou inconvenantes* ».
274. Chez les Grecs et les Romains, bâtiments où l'on encageait les esclaves chargés des travaux les plus pénibles.
275. Voir *Salammbô* (1862), roman sur Carthage au IVe siècle av. J.-C., truffé d'épisodes d'une extrême violence (crucifixion, carnages, enfants jetés dans le ventre brûlant du dieu Moloch), et taxé par Jean-Paul Sartre (in *L'Idiot de la famille*, vol. 2, Gallimard/Nrf, 1971, p. 2101) d'« ouvrage le plus sadique de Flaubert ».
276. Ce que décrit François Wetterwald dans ce chapitre ne vaut pas pour l'ensemble des camps. À Buchenwald, écrit E. Kogon (*L'État SS*, op. cit., p. 317), « les rouages administratifs préparés par le Parti communiste pour la prise en main du camp entrèrent immédiatement en action » ; partout où existait un Comité international de résistance — assisté de Comités nationaux — (cf. P. Berben, *Dachau*, op. cit., pp. 176-177 ; H. Maršálek, *Mauthausen*, op. cit., pp. 332-338), les scènes de ce type furent évitées
277. Bossuet ; dans ses sermons et oraisons, le célèbre prédicateur ne manquait jamais de s'attaquer aux faiblesses de l'âme, d'insister sur la nécessaire fraternité entre les hommes, et de rappeler ceux qui détenaient la puissance et le pouvoir à leurs devoirs envers les faibles et les démunis.
278. Église de Paris située Place Victor Hugo, dans le secteur nord du 16e arrondissement.
279. Il s'agit du rituel de la quête à la fin de la messe catholique, moment saisi par les faux dévots de la bourgeoisie pour « afficher leur foi » par une offrande

ostentatoire, alors que, dans la vie courante, ils ne cessent, comme le dénonçait déjà Molière, de bafouer « ce qu'ont les mortels de plus saint et sacré ».

280. Cf. *Évangile selon Saint Matthieu*, XXI, 12-14 ; *Évangile selon Saint Marc*, XI, 15-18 ; *Évangile selon Saint Luc*, XIX, 45-48 ; *Évangile selon Saint Jean*, II, 13-17.

281. Un gribouille (d'après le nom d'un personnage de théâtre de la première moitié du XVIe siècle) est un naïf, un sot. Un film portant ce titre avait été produit en 1937 par Marc Allégret avec Raimu et Michèle Morgan.

282. Un tartufe (d'après le célèbre *Tartuffe* de Molière) désigne un hypocrite.

283. Lire sans faute à ce propos le livre du docteur Sam Braun *Personne ne m'aurait cru, alors je me suis tu*, Albin Michel, 2008.

284. Dans la mythologie grecque, celui qui, défiant les lois divines, offrit le feu aux hommes ; pour le punir, Zeus le fit enchaîner à un rocher où un aigle venait chaque jour lui dévorer le foie. Symbole de la révolte pour le triomphe de la civilisation contre la tyrannie, le mythe a été popularisé par Eschyle (v. 467- 458 av. J.-C.) et repris notamment par Goethe.

285. Formule concluant le chapitre XIII de la *Première Épître de Saint-Paul aux Corinthiens*. En 1933, le dramaturge et romancier autrichien Ödön von Horváth écrira sous ce titre (très exactement : *Foi, Charité, Espérance*) une pièce sur la dérive bestiale de la société allemande qui sera immédiatement interdite par les nazis.

286. Ceux qui conditionnent l'existence à l'argent et au profit au mépris des principes moraux. En fait, on peut résumer l'ensemble du propos du docteur Wetterwald par ces mots d'Ernst Kreuder (*La Société du grenier*, 1946) : « Il ne s'en laisse pas conter, il regarde le monde sans se bercer d'illusions, il connaît les gens qui l'entourent, il sait que la plupart d'entre eux sont sans conscience morale, cupides et superficiels, et que par-là même, c'est-à-dire avec cet état d'esprit, ils ont sur la conscience toutes les atrocités [...] commises ces derniers temps [...] ; avec cet état d'esprit, ils ont toléré que toutes les choses créées par des gens sérieux et consciencieux, et que l'on est en droit de considérer comme les constituants de notre culture, aient été trahies, dévastées, anéanties » (cit. d'après l'édition allemande — *Die Gesellschaft vom Dachboden* — chez DTV, 1965, p. 112).

287. L'ouvrage majeur sur les théories et pratiques d'ordre médical à l'époque du troisième Reich reste — en dépit du fait qu'il ait été édité en RDA —celui de A. Thom, G.I. Caregorodcev *et al.*, *Medizin unterm Hakenkreuz*, Berlin, Verlag Volk und Gesundheit, 1989 (503 pages, plus de 750 références bibliographiques) ; voir également W. Benz, B. Distel *et al.*, *Medizin im NS-Staat*, Munich, DTV, 1993.

288. Pour la bonne compréhension du lecteur, j'ai apporté à ce paragraphe une légère retouche stylistique.

289. Cf. pp. 41, 58, 60.

290. Cf. pp. 9, 60, et notes 88, 109.

291. Ces produits (avec leur composition, leurs propriétés et leurs indications thérapeutiques) sont effectivement recensés dans les éditions des années 1940 du *Formulaire Astier, mémento de médecine pratique*, publié par les éditions Masson sous l'égide des plus hautes autorités médicales d'alors.

292. Cf. pp. 39, 46, 49-51, 61.
293. Hémorragie intestinale provoquée par le typhus exanthématique (voir note 117).
294. C'est-à-dire à Mauthausen pour y être gazés.
295. Ou os pétreux, situé au niveau temporal et qui contient l'oreille moyenne, l'oreille interne et le conduit auditif interne.
296. Enfoncement d'un fragment osseux du crâne qui comprime les méninges ou le cerveau, voire les pénètre.
297. Amas de pus.
298. C'est-à-dire sans qu'il y ait de fièvre.
299. Infection du sang que l'on traite normalement avec des antibiotiques.
300. Voir note 53.
301. Le prisonnier était allongé jusqu'au bassin sur une sorte de table légèrement inclinée, les pieds entravés dans un plateau situé au pied de la table à environ dix centimètres du sol, de sorte que ses fesses soient bien proéminentes. Cet instrument de torture, repris du Moyen-Âge, s'appelait le « *Bock* » (chevalet).

Table des matières

L'HARMATTAN, ITALIA
Via Degli Artisti 15 ; 10124 Torino

L'HARMATTAN HONGRIE
Könyvesbolt ; Kossuth L. u. 14-16
1053 Budapest

L'HARMATTAN BURKINA FASO
Rue 15.167 Route du Pô Patte d'oie
12 BP 226
Ouagadougou 12
(00226) 76 59 79 86

ESPACE L'HARMATTAN KINSHASA
Faculté des Sciences Sociales,
Politiques et Administratives
BP243, KIN XI ; Université de Kinshasa

L'HARMATTAN GUINEE
Almamya Rue KA 028
En face du restaurant le cèdre
OKB agency BP 3470 Conakry
(00224) 60 20 85 08
harmattanguinee@yahoo.fr

L'HARMATTAN COTE D'IVOIRE
M. Etien N'dah Ahmon
Résidence Karl / cité des arts
Abidjan-Cocody 03 BP 1588 Abidjan 03
(00225) 05 77 87 31

L'HARMATTAN MAURITANIE
Espace El Kettab du livre francophone
N° 472 avenue Palais des Congrès
BP 316 Nouakchott
(00222) 63 25 980

L'HARMATTAN CAMEROUN
BP 11486
Yaoundé
(00237) 458 67 00
(00237) 976 61 66
harmattancam@yahoo.fr

654329 - Mai 2016
Achevé d'imprimer par

1livre.com
du rêve à la réalité !